Jacques Rouquet

Messages Bibliques

Jacques Rouquet

Messages Bibliques

Témoignages et Oeuvres du Saint Esprit

Éditions Croix du Salut

Impressum / Mentions légales
Bibliografische Information der Deutschen Nationalbibliothek: Die Deutsche Nationalbibliothek verzeichnet diese Publikation in der Deutschen Nationalbibliografie; detaillierte bibliografische Daten sind im Internet über http://dnb.d-nb.de abrufbar.
Alle in diesem Buch genannten Marken und Produktnamen unterliegen warenzeichen-, marken- oder patentrechtlichem Schutz bzw. sind Warenzeichen oder eingetragene Warenzeichen der jeweiligen Inhaber. Die Wiedergabe von Marken, Produktnamen, Gebrauchsnamen, Handelsnamen, Warenbezeichnungen u.s.w. in diesem Werk berechtigt auch ohne besondere Kennzeichnung nicht zu der Annahme, dass solche Namen im Sinne der Warenzeichen- und Markenschutzgesetzgebung als frei zu betrachten wären und daher von jedermann benutzt werden dürften.

Information bibliographique publiée par la Deutsche Nationalbibliothek: La Deutsche Nationalbibliothek inscrit cette publication à la Deutsche Nationalbibliografie; des données bibliographiques détaillées sont disponibles sur internet à l'adresse http://dnb.d-nb.de.
Toutes marques et noms de produits mentionnés dans ce livre demeurent sous la protection des marques, des marques déposées et des brevets, et sont des marques ou des marques déposées de leurs détenteurs respectifs. L'utilisation des marques, noms de produits, noms communs, noms commerciaux, descriptions de produits, etc, même sans qu'ils soient mentionnés de façon particulière dans ce livre ne signifie en aucune façon que ces noms peuvent être utilisés sans restriction à l'égard de la législation pour la protection des marques et des marques déposées et pourraient donc être utilisés par quiconque.

Coverbild / Photo de couverture: www.ingimage.com

Verlag / Editeur:
Éditions Croix du Salut
ist ein Imprint der / est une marque déposée de
OmniScriptum GmbH & Co. KG
Heinrich-Böcking-Str. 6-8, 66121 Saarbrücken, Deutschland / Allemagne
Email: info@editions-croix.com

Herstellung: siehe letzte Seite /
Impression: voir la dernière page
ISBN: 978-3-8416-9902-2

Copyright / Droit d'auteur © 2014 OmniScriptum GmbH & Co. KG
Alle Rechte vorbehalten. / Tous droits réservés. Saarbrücken 2014

INTRODUCTION

J'ai souhaité écrire ces petits fascicules sous forme de messages, entraînant chacun des lecteurs dans une méditation plus profonde.

Ces prédications ont été apportées dans certaines églises, mais j'ai toujours pensé que la lecture nous bénissait encore plus, d'autant qu'elle nous laisse tout le temps nécessaire à la réflexion. Il m'est arrivé bien des fois d'entendre des messages et ne ressentir leur influence se manifester que bien plus tard. En effet, c'est souvent par la lecture, que la parole de Dieu se révèle à nous. Il est fréquemment question dans la bible de méditation, c'est-à-dire de recueillement, approfondissement, réflexion.

Que ces messages nous aident à trouver des enseignements de Dieu pour nous dans ce moment précis. Voila ce qui me ferait la plus grande joie !

J'ai expérimenté moi-même que le Saint-Esprit nous parlait toujours au moment opportun, mais nous ne sommes pas prêts à l'écouter en toutes circonstances, n'est-ce-pas ?

Laissons-nous conduire dans ces instants, avec un cœur bien disposé, pressentant, envisageant l'action, l'intrusion de Dieu dans nos vies.

Jacques Rouquet

Table des Matières

INTRODUCTION..1

AU DELA DES APPARENCES..**5**
   LECTURE : 1 SAMUEL 16 / 1à 13...6
      L'HISTOIRE DE LA VOITURE VOLEE...................................10

NE PAS SE LAISSER INTIMIDER..**12**
   Lecture: TIMOTHEE 1/ 6 à 13..13
      TEMOIGNAGE AU SUJET DE L'INTIMIDATION..................18

IL EST BON QUE NOTRE FOI SOIT EPROUVEE............................**20**
   Lecture: Jacques 1/3 / 1 Pierre 1/6 à 9..21
      TEMOIGNAGE SUR LA FOI EPROUVEE................................25

RENOUVELLEMENT DE NOS FORCES..**28**
   CEUX QUI SE CONFIENT EN L'ETERNEL RENOUVELLENT LEUR
   FORCE...29
      TEMOIGNAGE SUR MA CONVOCATION PAR LA GENDARMERIE34

CONFESSION DE NOTRE BOUCHE..**36**
   LECTURE : LUC 6/ 43 à 45 / II CORINTHIENS 4/ 12 et 13..............37
      LA FOI POUR LE LOCAL..41

LA SANCTIFICATION..**43**
   LECTURES : 1 Thessaloniciens 5 :23 / Hebreux 12 :14......................44
      TEMOIGNAGE SUR MON COMBAT PERSONNEL...............49

IL Y A DES PAROLES QU'IL NE FAUT PAS ÉCOUTER................**52**
      TEMOIGNAGE : Ne pas prendre de raccourci.........................57

DÉBARASSONS-NOUS DE TOUTE AMERTUME...........................**59**
      TEMOIGNAGE : LE PROFESSEUR...63

L'AMOUR DANS LA VÉRITÉ..**65**
      TEMOIGNAGE DE FRANCOIS : Le mensonge dans la vie des affaires. 71

MESSAGE N° 1

AU DELA DES APPARENCES

Ce premier message, nous parle des apparences, auxquelles le Seigneur nous dit que nous ne devons pas nous fier.

Pendant toute notre vie de Chrétiens nous sommes amenés à nous battre avec ce que nous nous imaginons. Nous faisons des prévisions sur ce qui va se passer d'après ce que nos yeux ont vu !

C'est souvent le scénario catastrophe qui vient à notre esprit en premier.

C'est cette transmission automatique de la vue aux pensées puis à notre esprit, que le chrétien doit canaliser. Ramenant systématiquement toutes choses devant Dieu avec foi, il verra ainsi, les conséquences des apparences s'atténuer puis disparaître.

LECTURE : 1 SAMUEL 16 / 1à 13

Verset 7 :

"Et l'éternel dit à Samuel : Ne prends point garde à son apparence et la hauteur de sa taille, car je l'ai rejeté. L'éternel ne considère pas ce que l'homme considère ; l'homme regarde à ce qui frappe les yeux, mais l'éternel regarde au cœur."

En réalité, c'est une invitation là ne pas fixer nos regards sur ce qui parait, mais fixer nos regards sur celui qui est le chef et le consommateur de la foi : Jésus.
Nous pourrions imager cela par cette question :
"Quelle différence y a t il entre un kilo de plumes et un kilo de plomb ?"
Même si le kg de plumes est bien plus volumineux, si c'est cela que l'on remarque le plus, le petit colis de plomb fait le même poids !
Ce ne sont pas les plus gros emballages qui renferment les plus beaux ou plus précieux cadeaux, comme les bijoux et autres.
Quand nous recevons du courrier, ce n'est pas l'enveloppe qui est la plus importante, mais ce qui est à l'intérieur. Il m'est arrivé souvent de me laisser influencer par les apparences, vous savez, une belle enveloppe, pour attirer notre attention, style publicité ! Et à l'intérieur, rien de bien consistant, une publicité inintéressante !
Parfois, ce fut le contraire, une enveloppe pas du tout aguichante, avec un chèque à l'intérieur !

Quelle surprise, de découvrir une bonne nouvelle alors que l'on ne s'y attendait pas.
Nos yeux, qui captent les apparences, transmettent à notre esprit ou la joie, ou la méfiance d'où la tristesse ou la crainte au lieu de la paix. Chers frères et sœurs, apprenons à ne pas juger selon les apparences, nous sommes Chrétiens et nous ne devons pas nous laisser impressionner par ce que nous voyons.
Mais surtout, il ne faut pas agir à cause de ce que nous voyons ! Donc, en fonction de ce que nous voyons. Cela nous évitera d'éliminer le moucheron, et d'avaler le chameau, voir Mathieu 23/24.
La bible mentionne de nombreux exemples et nous fait part de ce que beaucoup d'hommes et de femmes de Dieu, ont vu sa gloire parce qu'ils ne se sont pas fiés à ce qu'ils voyaient, ils ne se sont pas laissés influencer, ni intimider par ce que leurs yeux voyaient :
Ils ont amené les apparences à la lumière de la parole de Dieu, qui éclaire et qui leur a rappelé :
"Ne prends point garde aux apparences, car l'éternel ne considère pas ce que l'homme considère. L'homme, lui, regarde à ce qui frappe les yeux, mais l'éternel regarde au coeur"

Ce n'est pas l'enveloppe qui est importante, c'est ce qui est à l'intérieur.
Rappelons-nous ici ce qui est écrit dans Hébreux 11/1 :
"La foi est une ferme assurance des choses qu'on espère, une démonstration de celles qu'on ne voit pas"

Les apparences, c'est ce que nous voyons, la gloire de Dieu, c'est ce qu'on ne voit pas encore ! Les apparences sont des influences qui veulent nous empêcher d'aller jusqu'au bout, et nous font porter des jugements avant terme, ou pré jugements, sur les gens, sur Dieu !
Je raconte dans un livre comment notre second fils avait établi un plan, afin que l'un de ces amis parvienne sans trop chercher, jusqu'à notre maison. Mais celui-ci eut de grandes difficultés à nous trouver parce que le plan d'après lui n'était pas complet ! Je me suis laissé moi-même influencer par ces dires, j'ai gardé ce plan pour en faire part à notre fils. Celui-ci m'a tout simplement dit de tourner la page pour voir la suite de ce plan qui paraissait incomplet ! En effet, tout était bien noté, au verso, mais notre ami, s'était fié aux apparences, sans tourner la page.
La bible est un répertoire d'exemples qui nous invite, à nous, chrétiens, à ne plus juger selon notre raisonnement, mais en soumettant toutes choses à Dieu.

II Corinthiens 4/18 :

"Parce que nous regardons, non point aux choses visibles, mais à celles qui sont invisibles"
Il faut s'exercer à marcher de moins en moins par la vue, pour marcher de plus en plus par la foi selon 2 Corinthiens 5/ 7.
La parole de Dieu nous donne de nombreux exemples sur ceux qui se sont fourvoyés en se fiant à leurs yeux, à leurs raisonnements :
Comme Lot, qui choisit la plaine du Jourdain Genèse 13 / 5, nous voyons là Abraham, placer ce dilemme devant Dieu, car au verset 8, il dit :

"Car nous sommes frères"

Or Lot est un neveu, et même si nous savons qu'entre eux, ils pouvaient s'interpeller ainsi, nous remarquons
bien là, le souhait de placer immédiatement ce problème devant Dieu, de la part d'Abraham !

"Il n'y aura pas de dispute, car nous sommes frères"

Et non cousins ! Ce que Lot n'avait pas prévu, ce que ses yeux n'avaient pas vu, c'est qu'il y avait Sodome et Gomorrhe et que les gens de ces villes voulaient le conduire à la perdition.
Ne nous laissons pas influencer par ce qui parait, car tout ce qui brille n'est pas de l'or, et le plus grand illusionniste que je connaisse, c'est le diable. Il se déguise en

ange de lumière, pour nous détourner de la voie royale, en nous faisant croire que c'est la voie de Dieu.

Apprenons à ramener les détails de notre vie de tous les jours, à la lumière de la parole de Dieu qui nous éclairera, nous entraînera au discernement spirituel.
Le seigneur veut que nous apprenions à lui faire confiance, jour après jour, il aime nous voir agir avec foi. Il veut nous apprendre à distinguer ce qui vient de lui, en ne nous laissant pas tromper par les apparences, les illusions, les vrais/faux, comme le figuier de Jésus, en Mathieu 21/18.
Il avait l'apparence d'un arbre qui donne de bons fruits, en l'occurrence des figues, pourquoi ? Parce que de loin, ces feuilles étaient de vraies feuilles de figuier, mais cet arbre était trompeur :
Il paraissait sans être et Jésus a voulu nous laisser cet exemple, et le figuier est devenu sec !

Bien chers, apprenons le discernement spirituel qui vient de l'Esprit, et qui sait déjouer les pièges du diable, en n'acceptant pas, en refusant de se laisser influencer par ce que nos yeux voient !
Lors de l'une de nos réunions, un prédicateur argentin nous a raconté cette histoire authentique :
Il s'agissait d'un couple de ses amis qui avaient un gros chien habitué à vivre avec eux, dans leur maison. Ils eurent un bébé, et pour ne prendre aucun risque, mettent leur chien dans le jardin.
Mais il arrive qu'un jour, alors qu'ils ont laissé le bébé dormir dans sa chambre, ils voient leur chien en sortir plein de sang. Fou de rage, le papa va chercher son fusil, le charge et tue son chien.

Il va ensuite dans la chambre du bébé, et trouve celui-ci en pleine forme. Au pied du lit, il remarque une grosse tache de sang, et un peu plus loin, aperçoit un gros serpent mort.
Il se rend alors compte que son chien a tué le serpent, pour protéger son fils ! Les apparences et la précipitation l'avaient tant influencé, qu'il avait fait une erreur, tuant le sauveur de son fils !
Il n'était pas allé jusqu'au bout, il s'était fié aux apparences.
Notre lecture de 1 Samuel 16, nous fait démonstration que même Samuel, homme de Dieu par excellence, se dit, en voyant Elias :

"Certainement, l'oint de L'Eternel, est ici, devant lui".

Le Seigneur lui répond de ne pas prendre garde à son apparence !
Eliab était sans aucun doute beau, grand, il avait tout, en apparence pour être choisi. Pourtant, sur les indications de L'Eternel, Samuel attend maintenant qu'il lui montre quel est celui que le seigneur veut oindre.

N'allons pas, par nos raisonnements, nos choix humains, contre la volonté de Dieu qui est bonne, agréable et parfaite pour nous.
Apprenons de lui, sachant que les forces naturelles les plus puissantes sont celles que l'on ne voit pas :
La chaleur, le son, l'électricité, la gravitation, tout comme les moteurs de l'homme les plus puissants :
L'amour, la pensée, le désir, la foi, on ne voit et on ne sent que leurs effets puissants.
Après Samuel 16, nous voyons l'histoire de David et de Goliath, comment celui-ci a t il impressionné le peuple d'Israël ?:
Par sa taille et par sa gouaille !
Et aussi parce que le peuple s'est laissé intimider, rempli de peur à cause des apparences.
Mais David n'a pas laissé ses yeux et ses oreilles influencer son esprit au point de succomber lui aussi à la crainte. Il ne s'est pas laissé intimider :
Il a confessé que lui marchait sur Goliath au nom de l'Eternel, en ramenant toutes choses au pied du Seigneur, et en disant que la victoire appartenait à l'Eternel.

Oui, bien sûr, nous ne sommes pas des David, mais nous pouvons être de ceux qui ne se découragent pas au premier regard, aux premières apparences.
Ne croyons pas l'illusionniste, qui veut nous faire abandonner toute action, nous faire perdre notre assurance en cours de route, nous désarçonner !
Le seigneur veut nous apprendre la dépendance spirituelle, comme il est dit dans Jean7 / 24 :

"Ne jugez pas selon l'apparence, mais jugez selon la justice"

Ne grandissons pas l'ennemi, ne grossissons pas le problème, ne regardons pas à la hauteur de la taille du problème, nous rappelant que l'Eternel ne considère pas ce que l'homme considère, ramenons toutes choses au niveau de Dieu, à la lumière de la parole de Dieu, et préservons notre arme principale : la foi....
Ce qui paraissait important va diminuer, disparaître comme par miracle ! ! !
Je voudrais illustrer ce message avec un témoignage qui nous encouragera, et nous incitera à rechercher la manifestation de la gloire de Dieu.

L'HISTOIRE DE LA VOITURE VOLEE

"Je vous dis encore que, si deux d'entre vous s'accordent sur la terre pour demander une chose, quelconque, elle leur sera accordée par mon père qui est dans les cieux. Car là ou deux ou trois sont assemblés en mon nom, je suis au milieu d'eux." (Mathieu 18/19 et 20)

J'étais commercial, souvent en déplacement tout en ayant en charge l'église.
Bien que cela ne soit pas toujours facile à gérer, me considérant pasteur ouvrier, c'était une situation que j'acceptais. Je dois dire que ma femme, en tant que épouse de pasteur, prit une part normale dans ce travail pour Dieu.

Cette affaire de la voiture volée la concerne plus particulièrement; Je n'étais pas à la maison lorsque, appelant mon épouse comme je le faisais pratiquement tous les jours, j'appris que notre voiture personnelle, nous avait été volée dans la nuit. Elle était pourtant dans un garage dans notre propriété privée, et le chien n'avait même pas aboyé. Les voleurs avaient emporté des affaires, un vélo, un ensemble de nettoyage vapeur, et diverses autres bricoles.

Ce véhicule assez récent était en parfait état, et après déclaration à la gendarmerie puis à l'assurance, je fus extrêmement septique quant à retrouver ma voiture.
Nous n'avons pas oublié dans ce contexte de prier, remettant à Dieu ce problème.
Au bout d'une quinzaine de jours, environ, ma foi était perturbée pour ce qui était de récupérer ma voiture ; Mais ma femme semblait impassible dans sa confiance de voir Dieu à l'œuvre.

Après que la compagnie d'assurance m'eut certifié que je serai prochainement remboursé correctement, je commençais à faire des projets quant à l'achat d'une nouvelle voiture. Nous sommes un peu comme cela n'est-ce-pas ?
Finalement, une fois la déception passée, je me voyais déjà dans une autre berline, et je me prenais à rêver un peu. Mais mon épouse, après avoir été un temps ébranlée dans sa foi, reprit le dessus ; Et cela, d'une façon qui m'a interpellé par la suite : Tout à coup dans la prière elle pensa que ce n'était pas glorieux d'avoir à raconter comment ce véhicule avait disparu, et d'avoir à interpréter pourquoi le seigneur n'avait pas agi dans ce cas.

Elle entendait chacun dire :
-Tu sais, ce sont des choses qui arrivent, tu seras remboursée puis vous aurez une nouvelle voiture.
Mais ces arguments ne la satisfaisaient pas et toujours, elle se demandait comment la gloire de Dieu pourrait être exaltée dans ce cas de figure !
Le saint-esprit mit en son cœur, cette pensée qu'elle devait rechercher un frère, une sœur, des personnes ayant la même vision de ne pas accepter ce qui aurait pu passer pour une défaite de Dieu ! Elle se mit en quête d'écouter ce que lui disaient

les chrétiens rencontrés, et un jour, découragée, rendit visite à une sœur, pour boire un café.

Elle raconta son histoire, et cette sœur lui assura qu'elle allait retrouver cette voiture et en plus sans dégâts ! Ce qui incita ma femme à prier avec cette amie, déclarant hautement que la gloire de Dieu allait se manifester et qu'il ne restait plus qu'a attendre dans la paix et la foi.
Arrivée à la maison, quelle ne fut pas sa surprise de me voir sur le pas de la porte ; En effet, la police d'une ville de la région venait de m'appeler, me signalant que ma voiture venait d'être retrouvée. Ils avaient vérifié son état et n'avaient pas constaté de détérioration.

Ils m'avaient invité à le récupérer le plus tôt possible, ce que nous avons fait.
Il est vrai que aussi surprenant que cela paraisse, notre véhicule fut récupéré en bon état. La compagnie d'assurances ayant pris en compte le vol des divers objets, nous sommes parfaitement rentrés dans nos fonds, et nous pouvons rendre ici encore, toute la gloire à Dieu !

La principale motivation, de ne pas laisser notre Seigneur être insulté, au travers de cette expérience, nous conduisit à son miracle ! Je m'inclus dans la bénédiction, mais en réalité c'est mon épouse qui a tout déclenché. Cette sœur également qui l'a encouragée à rester dans la foi !

Remarquez l'histoire de David :

"Qui est donc ce philistin, cet incirconcis, pour insulter l'armée du Dieu vivant ?" (1Samuel 17/26)

Le premier réflexe de David sera de s'offusquer de l'attitude du peuple d'Israël.

Il ne peut admettre de laisser ainsi ce Dieu qui a conduit, gardé, protégé son peuple, être injurié. Sa première et principale motivation sera de prendre position pour son bienfaiteur. La suite de l'histoire nous raconte comment David, avec cette prise de position fut conduit à la victoire.

Sa motivation, son engagement envers Dieu sa détermination à ne pas laisser l'Eternel être dédaigné, méprisé, lui permettront de relever ce défi !

MESSAGE N° 2

NE PAS SE LAISSER INTIMIDER

Il nous arrive souvent, même en tant que chrétiens, d'accepter certains compromis, pour éviter des conflits.

Nous avons du mal parfois à dire non, et la crainte de la confrontation nous oblige à faire quelques détours.

Ce message nous fera réfléchir et nous entraînera à demander à Dieu, le courage nécessaire pour affronter certaines situations conflictuelles.

Lecture: TIMOTHEE 1/ 6 à 13

Recevoir un esprit de courage pour exercer une autorité spirituelle.

Plusieurs fois, dans ma vie, il m'est arrivé de me laisser intimider. Après réflexion, recul, en analysant ce qui m'avait arrêté, par la suite, je me suis rendu compte que bien souvent, c'étaient des grains de sable qui avaient stoppé ma marche !
Je dois l'avouer franchement, j'ai du céder même, parfois sous la pression que je trouvais trop importante, déstabilisante.

Alors, l'œuvre de Dieu n'a pu se faire, elle s'est arrêtée là...pour moi...

Il faut bien reconnaître que dans certaines situations, extrêmement tendues, il devient très difficile de résister à la pression, à l'intimidation.
Refuser de se laisser envahir par la crainte est le commencement de la bénédiction. Nous devenons souvent inefficaces parce que nous cédons à l'intimidation, et l'esprit de timidité nous empêche d'agir.

Il convient de noter en introduction que la crainte ou la timidité c'est un Esprit. Il ne vient pas de Dieu puisque il dit qu'il nous a donné un autre esprit.
Le mot Grec pour Esprit, dans ce passage est Pneuma, qui se trouve être le même mot que celui employé pour le Saint-esprit, ou l'Esprit d'un homme.

L'intimidation n'est pas un comportement ou une disposition, c'est un Esprit...Lorsque nous nous laissons intimider, nous laissons ce mauvais Esprit dominer sur la situation.

Cette lutte, ce combat, ne peuvent donc être menés au niveau de notre intellect, ou de notre volonté. L'Esprit de timidité n'est pas une faiblesse naturelle, mais une faiblesse spirituelle et c'est donc un combat spirituel qu'il faut mener pour s'en défaire, afin d'être revêtu d'un autre esprit, de force, de courage, d'autorité, et de puissance.

L'Esprit que Dieu nous a donné n'est pas cet Esprit qui nous fait souvent reculer, qui stoppe notre élan, qui nous empêche de témoigner.
Non, l'Esprit que Dieu nous a donné n'est pas un Esprit de peur de crainte.

D'ailleurs, au verset 6 de ce passage, l'apôtre Paul exhorte Timothée à ranimer le don qu'il avait reçu. Cela signifie raviver, rallumer, ou ré enflammer... et Timothée en avait besoin pour ne pas se laisser intimider par les gens, les circonstances, et les situations dans lesquelles il se trouvait.. Comme nous, n'est-ce-pas ?

Ici, dans ces versets, le mot utilisé pour timidité implique aussi la lâcheté comme traduit dans la parole vivante :

"Car ce n'est pas un Esprit de timidité, de lâcheté ou de défaitisme que Dieu nous a donné, mais un esprit de courage, d'amour et d'enthousiasme"

A la lumière de ceci, nous pourrions interpréter les paroles de Paul, comme disant en fait à Timothée :
"Ton don de Dieu est en sommeil à cause de la timidité, ou encore, Timothée, le don de Dieu en toi demeure en sommeil pour cause d'intimidation"
Cela veut dire qu'un croyant intimidé perd l'autorité dans l'Eprit et que en conséquence, le don, le talent de Dieu demeure en sommeil et est inactif...Bien que présent, il n'est pas opérationnel.

Ce qu'il est important de comprendre, c'est que lorsque nous nous laissons intimider, nous cédons, laissons l'autorité que Dieu nous a donnée. L'objet de l'intimidation est de nous empêcher d'agir, de nous arrêter dans notre course ou encore de nous obliger à nous soumettre à nos craintes.
Un jour, il me fallut rentrer en clinique pour des examens et cela me dérangeait. Nous avions prié mon épouse et moi, mais je n'étais tout de même, pas spécialement rassuré, et avant mon départ, notre belle fille nous, rendant visite, me donna des paroles que le Seigneur m'avait destiné :

Proverbes 18/14 :

« L'Esprit de l'homme le soutient dans la maladie, mais l'Esprit abattu, qui le relèvera ? »
Je reçus ces paroles et demandais effectivement à notre père de bien vouloir relever mon Esprit pour ce combat que j'avais à mener. En arrivant devant la porte de la clinique, le Saint-esprit me dit ceci :

« Ne te laisse pas dominer, ne te laisse pas intimider »

Cela confirmait que je devais garder mon Esprit près du Seigneur pour qu'il soit en pleine forme. Ce que je vécus là, pendant plusieurs jours, me montra que ces avertissements n'étaient pas vains ! Et je fus particulièrement béni pendant ce séjour. Effectivement, j'avais eu à lutter contre l'intimidation, contre certaines dominations.

Mais parce que j'avais reçu ces paroles du Saint-Esprit, mon esprit resta en bonne forme et je pus faire face à cette épreuve avec force !

Si nous nous soumettons à nos craintes, alors, nous ne sommes plus libres d'accomplir la volonté de Dieu et nous devenons prisonniers de l'intimidation. Ainsi, dépouillés de notre autorité spirituelle, notre adversaire, le diable a réussi en partie son objectif :

Nous contrôler et nous limiter

Nous allons, pour imager cela, nous servir de l'histoire d'Elie, le prophète, dans 1 Rois 17/ 18.19.

Tout d'abord, il parle au roi Achab sans aucune crainte, lui annonçant :

"Il n'y aura ces années ci, ni rosée ni pluie, sinon à ma parole" 1 Rois 17/1

Il fut ensuite nourri par des corbeaux au torrent de Kerrith puis, obéissant à l'Eternel il va à Sarepta ou une veuve le nourrit. La famine sévissait, mais la farine et l'huile ne diminuaient point pour eux !

Le fils de cette veuve mourut subitement et Dieu, exauçant la prière d'Elie, il ressuscita ! Tout cela pour dire qu'Elie exerçait un ministère puissant.
Au chapitre 18, 1 Rois verset 17, il nous est dit :

"A peine Achab aperçut-il Elie qu'il lui dit : est-ce-toi qui jette le trouble en Israël ?"

Réponse d'Elie dans 1/Rois 18/18
Nous voyons ici une réponse pleine de hardiesse, Elie ne se laisse pas intimider !
Il demande au Roi de rassembler les 850 prophètes de Baal et d'Astarté, et de les conduire au mont Carmel, ainsi que la nation d'Israël toute entière.
Le jour de la confrontation, tout Israël s'assembla pour voir qui était le vrai Dieu !
Elie mit au défi les prophètes de Baal 1 Rois 18/ 36 à 40. Ensuite, Elie proclama qu'il allait pleuvoir, ce qui arriva...

La parole de Dieu nous dit que la main de l'Eternel fut sur Elie ! Ceci n'était qu'une journée de vie d'Elie. Il entendait clairement la voix de Dieu, agissait en conséquence et était témoin de grands miracles.

Mais, car il y a un mais, le jour même, Jézabel, la femme d'Achab apprit ce qui avait été fait à ses prophètes et envoya un message à Elie :

<u>1 Rois 19/ 1 et 2</u>

Elle était furibonde car les prophètes étaient les siens et ils prêchaient son message.

Regardez maintenant quelle fut la réaction d'Elie ce grand homme de Dieu :

<u>1 Rois 19/3.4</u>

Le jour même ou il avait remporté une bataille si magnifique, il s'enfuit pour sauver sa vie ! Il fut tellement intimidé et découragé par Jézabel qu'il eut envie de mourir ! Pourtant, ces paroles de Jézabel n'auraient pas du toucher un tel homme !

Bien chers frères et sœurs, le but de cette intimidation était d'empêcher Elie d'achever le dessein de Dieu ! Et cet homme de Dieu, revêtu jusque là d'un Esprit de courage, de puissance, de force, de hardiesse, succombe à l'intimidation de Jézabel ! (Animée d'un mauvais Esprit, celui de l'intimidation).

Voyez-vous, chers frères et sœurs, un esprit d'intimidation déclenche la confusion, le découragement, et la frustration.

Cela parait impensable, qu'avec des paroles, des mots, Elie ait pu à ce point, et tout à coup, céder à l'intimidation. Nous pouvons considérer qu'il s'agit bien là d'un Esprit, chargé d'arrêter quelqu'un qui sert le seigneur. Nous voyons donc Elie qui jusque là, faisait preuve d'une autorité divine, être évincé de cette autorité. Résultat :
Son don de ministère pour la nation fut supprimé, il devient un homme différent, dépressif, à tel point que dans 1 Rois 19/ 9, Dieu lui demande :

« Que fais-tu ici Elie ? »

C'est-à-dire pourquoi t'es-tu enfui de ton poste, pourquoi es-tu venu te cacher ici ? Cela nous est arrivé n'est ce pas ? De ne pas assumer nos responsabilités de chrétien, de céder sous la pression, de succomber à un esprit de timidité, d'intimidation, et de fuir, et de nous retrouver comme Elie, devant Dieu dans une situation inconfortable.

Que fais-tu ici, Pierre, Paul, Jacques, Denise, Françoise, Valérie ?
Pourquoi n'as-tu pas répondu avec un esprit de force, de courage, d'amour, d'enthousiasme, cet Esprit que je t'ai donné. Pourquoi as-tu négligé l'autorité qui vient de moi et que tu avais déjà expérimentée ?

Pourquoi t'es tu laissé intimider ? Il ne s'agissait là que de paroles pour te déstabiliser, te faire douter.
Elie fut évincé de son autorité parce que au moment, il ne confronta pas directement Jézabel.

Oui, ne pas oser affronter directement des paroles d'intimidation peut nous conduire au découragement le plus complet.

Nous devons méditer sur le fait que à partir de ce moment là, Elie fut tellement découragé, devenu craintif, qu'il en est au point de vouloir mourir, épuisé d'avoir couru, en fuite pendant quarante jours.

Le seigneur aurait été à son coté s'il n'avait pas pris la fuite, tout comme il l'avait été au mont Carmel ! Mais il s'est laissé intimider et fut évincé de son autorité, et ce sont d'autres hommes qui furent choisis pour affronter Jézabel : 2 Rois 10/ 28

Elie fut blâmé, puis rappelé à son devoir, nous savons qu'il oint Elisée prophète à sa place, qu'il lui adresse vocation et le charge d'exécuter le reste de sa mission.
Le prophète Elie eut finalement l'honneur d'être enlevé au ciel sans passer par la mort. Toutefois, cette histoire nous invite à la méditation.

Conclusion :

Quand nous nous laissons intimider, nous renonçons à notre position spirituelle.
En conséquence, le don de Dieu, pour servir conquérir ou protéger, se met en sommeil.

« C'est pourquoi, je vous exhorte à ranimer la flamme du don de Dieu que vous avez reçu, car ce n'est pas un esprit de timidité que Dieu vous a donné, mais un Esprit de force, de courage, d'amour d'enthou-siasme »

C'est-à-dire, ce n'est pas un Esprit de manque d'assurance, de gène, d'embarras, un Esprit de manque de hardiesse, que je vous ai donné...

Non, Non et Non...." l'Esprit que Dieu nous a donné ne nous rend pas timide, au contraire, son Esprit nous remplit de force, d'amour et de maîtrise de soi"

TEMOIGNAGE AU SUJET DE L'INTIMIDATION

Des amis commerçants avec lesquels nous avions de bonnes relations étaient très surpris par notre changement. Ils avaient eu l'occasion de nous côtoyer dans nos frasques, nos extravagances, nos écarts.

Des circonstances malheureuses, un grave accident de la route, cloua l'épouse de notre ami commerçant, sur un lit d'hôpital, dans un état jugé grave. Hospitalisée dans notre ville, il y eut un concours de circonstances, assez bizarre, puisque des amis venus lui rendre visite nous laissèrent un mot dans la boite aux lettres pour nous signaler son hospitalisation.

Ma femme lui rendit visite, et fut extrêmement troublée en constatant l'état dans lequel se trouvait notre amie. Toute sa famille était là, autour de son lit, une grande tristesse se lisait sur leur visage, et exprimait la douleur qui était la leur.

Mon épouse raconte :

"Un instant, je marquais un temps d'arrêt. Sa tète était entièrement recouverte de pansements, ses jambes suspendues par des sangles, le spectacle était extrêmement pénible à soutenir.
Je comprenais l'immense tristesse de ses proches, car, après m'avoir raconté l'accident dont fut victime notre amie, le premier miracle, était qu'elle en soit sortie vivante. Elle avait été éjectée de sa voiture après un choc d'une extrême violence avec un véhicule qui l'avait tamponnée de face, à la sortie d'un virage manqué !
Ses enfants se retirèrent quelques instants après mon arrivée, seul son mari resta près d'elle.

Je m'assis à coté de son lit, et nous avons pu converser, échanger quelques mots, elle avait toute sa connaissance, et je sentais bien qu'elle appréciait ma visite. Il faut dire que nous nous étions perdus de vue depuis un certain temps, et cela lui faisait plaisir d'avoir de nos nouvelles.
Pendant cette conversation, j'ai pu lui apporter mon témoignage, lui dire comment Jésus s'était révélé à moi, comment il était devenu mon sauveur personnel, réalisant aussi qu'il était ressuscité
Dans mon témoignage, j'insistais sur le fait que ce Jésus qui avait également transformé notre couple, était capable de nous aider chaque jour, quel que soit notre besoin.

Je lui ai promis de prier pour elle avec mon mari, lui précisant que ce Jésus que nous connaissions, allait l'aider. Parler de Jésus, de sa parole, déclenche parfois les foudres de l'adversaire, en quittant cette amie, son époux me raccompagna.
J'y voyais une marque de sympathie, mais quelle ne fut pas ma surprise, lorsque

dans le couloir qui nous conduisait vers la sortie, il manifesta une violente colère, m'interdisant de revenir visiter son épouse. Je fus, vous l'imaginez, très choquée sur le moment !
Cela m'avait rendue particulièrement triste, et dès mon arrivée chez moi, j'allais dans ma chambre épancher mon cœur, vider ma tristesse,

Déposer aux pieds du seigneur mon fardeau de peine ! Une pensée très forte est alors venue dans mon esprit :
« Je veux que tu reviennes la visiter et que tu continues à lui parler de ma grâce et de mon amour »
J'étais tellement troublée après ce qui venait de se passer, que j'ai beaucoup parlementé avec le seigneur ; Néanmoins, au bout d'un instant, je fus inondée par la paix du seigneur.
Mon mari et moi avons prié pour lui remettre toutes choses quant à une prochaine visite, et J'ai décidé à cet instant que j'y retournerais le lendemain !

C'est avec une grande appréhension, vous l'imaginez, que je lui ai rendu visite le lendemain. Quelle ne fut pas ma stupéfaction, lorsque la porte de la chambre poussée, elle m'accueillit assez joyeusement pour une accidentée de ce niveau. Elle m'annonça aussitôt que les médecins n'en revenaient pas d'avoir constaté la disparition des caillots de sang qui étaient dans sa tête.
En même temps, les douleurs horribles qui l'accablaient, des maux de tête insoutenables, avaient eux aussi disparus. Ce fut pour elle le début d'une vie transformée, attachée à la parole de Dieu, qu'elle put lire à satiété pendant tout le temps de sa rééducation."

Il faut aussi ajouter que nous lui avons rendus visite, un dimanche, avec mon beau-frère, celui avec lequel nous étions fâché puis réconciliés par la grâce de Dieu, j'en ai parlé dans un précédent chapitre.
Cela eut également un impact dans sa vie car elle connaissait cette affaire, et notre réconciliation, fut un témoignage pour elle.
Cette sœur, maintenant décédée, avec notre seigneur, fut une merveilleuse chrétienne, et une amie précieuse.

C'était une femme consacrée, réservant du temps pour la prière, toujours prompte à rendre témoignage, apportant la bonne nouvelle avec un véritable enthousiasme.
Elle avait beaucoup d'expérience dans les "choses" du quotidien, ce qui lui permit d'en faire profiter bon nombre de frères et sœurs.

Nous ne t'oublierons pas chère sœur, tu restes près de nos cœurs jusqu'à notre rencontre avec le Seigneur.

MESSAGE N° 3

IL EST BON QUE NOTRE FOI SOIT EPROUVEE

DL Moody a dit :

« J'ai longtemps prié pour obtenir davantage de foi, m'imaginant qu'un jour, j'en serais rempli aussi soudainement que la foudre s'abat sur un arbre. Mais rien ne s'est produit jusqu'au jour ou j'ai lu au chapitre dix de l'épître aux Romains :

"La foi vient e qu'on entend et ce qu'on entend de la parole de Dieu".

J'ai fermé ma bible pour le prier de m'accorder davantage de foi, puis j'ai ouvert à nouveau ma bible et je me suis mis à l'étudier sérieusement. Ma foi n'a cessé de croître depuis ce jour ! »

Lecture: Jacques 1/3 / 1 Pierre 1/6 à 9

L'épreuve de notre foi doit avoir pour résultat :

LA LOUANGE, LA GLOIRE ET L'HONNEUR

Ce thème d'épreuve de la foi, revient à maintes reprises dans les écritures, en particulier dans Hébreux 11, ou nous lisons que Dieu donne à ses croyants de grandes promesses.

Puis, la Bible nous parle des épreuves de Noé, d'Abraham, de Jacob, et surtout de Moise... Dieu suscite en nous la foi, puis la met à l'épreuve ! La question, c'est de savoir si notre foi subsistera ?
Par conséquent, nous devons nous attendre à des épreuves, des examens, des situations destinées à éprouver notre foi. L'enjeu est d'importance puisque nous savons :

"Que tout ce qui est né de Dieu triomphe du monde et la victoire qui triomphe du monde, c'est notre foi"1 Pierre 5/4.
Au travers des expériences qu'elle nous fait connaître, on peut considérer que la Bible nous parle de petite foi, de grande foi et de foi capable de transporter des montagnes.
Il existe une école ou Dieu vous enseignera la foi, il la fera grandir, progresser en vous, écoutez ces mots :

"La foi vient de ce qu'on entend, et ce qu'on entend de la parole de Christ" Romains 10/17.

Votre foi ne peut donc augmenter sans la parole de Dieu, mais en même temps, nous devons considérer qu'une lecture hebdomadaire ne suffit pas, car vous pouvez lire tous les livres du monde, sans pourtant réussir à cette école !
Car, si la foi n'est pas testée, éprouvée, elle n'a aucune valeur. La foi, n'est pas une idéologie, c'est un muscle de votre corps que vous devez exercer chaque jour, de peur qu'il ne s'atrophie !

C'est aussi, la seule monnaie qui ait cours au paradis, et nous devons demander à Dieu, qu'il nous donne l'occasion de développer notre foi, ici-bas.

Pour moi, une des meilleures définition de la foi est la suivante :

<u>C'est agir en fonction de ce que l'on croit.</u>
En effet, il m'est facile de croire que ma voiture m'amènera demain jusqu'à mon travail, mais si je n'agis pas en fonction de cette foi, elle ne me servira à rien, dans mon garage, regardant ma voiture, je n'avancerai pas!

Bien loin de regarder les épreuves comme un motif d'accablement, et de découragement, aussi bien Jacques que Pierre nous invitent à nous en réjouir ! L'apôtre Paul fait allusion au sportif qui accepte de souffrir en vue d'une couronne dans le stade.

Dans Jean : 16 /33, Jésus nous dit :

"Vous aurez des tribulations dans le monde, mais prenez courage, j'ai vaincu le monde"

Finalement, nous nous rendons compte que le plus dur pour le chrétien, ce n'est pas le problème en lui-même :
C'est sa foi qui est troublée, ces pensées qui sont tourmentées, par le doute et l'incrédulité.
Dans une situation difficile, nous voyons Paul et Silas en prison, ou leur foi est particulièrement éprouvée, Actes 16 25.

Mais cette épreuve produit la prière et la louange qui a pour résultat, la conversion du geôlier et de toute sa famille !
Bien chers frères et sœurs, ce qui est le plus éprouvé dans nos épreuves, c'est bien notre foi !
Notre foi subsistera-t-elle ? Est ce que tout sera remis en question à cause d'une difficulté nous paraissant insurmontable ?
Nous laisserons nous envahir par le doute, l'incrédulité, ou lutterons nous par la prière et la louange ?

Je me souviens d'une expérience personnelle, d'une épreuve, d'une injustice flagrante dont je fus victime et qui m'a conduit à prier toute une nuit pour retrouver la paix, la foi. Et, il n'y a pas de plus grande victoire que celle là, car lorsque l'on est dans la peine, que l'on connaît l'injustice, si on ne retrouve pas la foi, on désespère !

On peut ainsi entrer, par l'amertume, dans le non pardon, dans l'incertitude, la méfiance, le soupçon ! Et tout cela engendre la déprime !
Chers frères et sœurs, faites tous vos efforts pour retrouver, garder ce qu'il y a de plus précieux, lorsque vous êtes malmenés : Votre foi !

Un domaine sur lequel peu s'étendent à ce sujet, celui de l'épreuve de notre foi, c'est le domaine de nos relations, notre relation avec autrui. Quand Jésus parle de la foi, vous remarquerez, qu'il l'applique souvent par rapport à notre relation avec autrui. Il nous explique que dans le fond, notre foi grandit, selon le degré de nos relations avec les autres (Croyant ou non).

Dans Luc 17/ 3-4, Jésus enseigne une leçon aux disciples, il leur dit de prendre garde à eux mêmes au sujet du pardon, et vous remarquerez qu'au verset 5, en réponse à cet enseignement sur le pardon et les relations humaines, les apôtres demandent au Seigneur :

"*Augmente nous la foi*"

Pourquoi ? Parce qu'il faut de la foi pour s'accorder avec les frères et sœurs qui sont difficiles ! Il faut de la foi, pour aimer son prochain comme Jésus nous le demande, n'est ce pas ? Et cela fait partie de nos épreuves journalières.
Un poète a écrit :
"Vivre dans le ciel avec les saints que nous aimons, ce sera un sujet de gloire. Vivre sur la terre avec les saints que nous connaissons, ça, c'est une toute autre histoire !"

L'épreuve de la foi se fait souvent dans les difficultés de nos relations avec les saints, avec notre prochain. Quand Jésus a commencé à parler de vivre sur la terre avec les saints que nous connaissons, les apôtres demandent aussitôt au Seigneur de leur augmenter la foi !

Dans le verset suivant, Luc 17/ 6, il nous dit :

« Si vous aviez la foi comme un grain de sénevé »

On interprète souvent ce passage en disant qu'il faut seulement une petite quantité de foi pour accomplir de grandes choses, or, je pense qu'une petite quantité de foi n'a jamais accompli de grandes choses !
Personnellement, je crois que nous devrions plutôt nous pencher sur une traduction qui dit :

« *Si vous aviez de la foi qui grandit comme un grain de sénevé* »

Dans Mathieu 13/ 31-32, nous avons un commentaire divin sur la manière dont grandit le grain de sénevé. Il est très petit, mais Jésus dit que lorsqu'il grandit, c'est une des plus grandes herbes, et il devient un arbre assez grand pour loger des oiseaux !

Cela, à mon avis, nous enseigne que les grandes choses ne sont pas accomplies par une petite foi, mais une foi qui grandit. Et, la parole de Dieu, d'où vient la foi, nous aide à la faire progresser en nous.

Dans l'évangile de Mathieu, chapitre 17, verset 14, il y a neuf disciples, (parce que Pierre, Jacques et Jean sont sur le mont de la transfiguration), ces neuf disciples n'ont pu parvenir à la délivrance du fils lunatique, ils n'ont pu chasser ce démon !

Dans la version Second, le verset 20 déclare :

« C'est à cause de votre incrédulité »

En réalité, dans le texte original, le mot n'est pas incrédulité, mais plutôt petite foi, ou foi sous développée.
Cela veut dire que les apôtres n'étaient pas incrédules, mais ils essayaient d'accomplir la tache sans suffisamment de foi !

Ils avaient un grain de foi et un problème montagneux ! En fait, en parlant du grain de sénevé, suite à ce dilemme, Jésus leur explique que leur foi doit progresser et grandir. L'apôtre Paul, nous dit ailleurs que nous sommes changés de « *Gloire en gloire* », par la foi et pour la foi selon 2 Corinthiens 3/ 18 et Romains 1/17.
La foi commence par un grain que Dieu accorde à chacun de nous...
La Bible nous confirme que la foi croissante est bien un concept spirituel.

Nous savons que la foi vient de ce qu'on entend, et ce qu'on entend de la parole de Dieu, d'autre part, dans 1 Thessaloniciens chapitre 2/ 13, il nous est rappelé que cette parole agira en nous, si nous la recevons, si nous la croyons comme étant la parole de Dieu.
Elle nous aidera à grandir, dans la foi, pourvu qu'elle trouve un sol fertile de l'eau et du soleil ! Un terrain sensible, arrosé, cultivé, travaillé. Le soleil, c'est-à-dire l'amour de Dieu, la louange la confession de notre bouche nous entraîneront à faire grandir notre foi !

Dieu envoya un jour un prophète qui manquait de quelque chose vers une veuve qui possédait quelque chose. Autour d'eux, des milliers de gens mourraient de faim, et le prophète lui demanda à manger. Dieu donna à cette veuve une chance de prouver sa foi, comme l'occasion nous en est donnée souvent à nous aussi. Elle donna tout ce qu'elle avait et elle reçut plus que le nécessaire ! 1 Rois 17.

Pour conclure, rappelons cette histoire au sujet du pharaon Toutankhamon :
"Enterré il y a 3280 années, tombe découverte en 1922, par un archéologue anglais.
Il y avait à l'intérieur, du miel, du blé et du mais. Il planta le blé et le mais, dans la terre fertile du fleuve Nil. Il s'avéra que ces grains poussèrent et qu'il y eut une récolte 3000 ans après ! Dans ces grains, il y avait le potentiel pour faire une moisson, à condition de les aider à croître.

Il en est de même pour la parole de Dieu, elle ne peut périr parce que impérissable, semence incorruptible !

TEMOIGNAGE SUR LA FOI EPROUVEE

UNE QUESTION DE FOI

"Veillez, demeurez fermes dans la foi, soyez des hommes, fortifiez-vous."(1 Corinthiens 16/13)

Je veux ici vous raconter une histoire qui concerne la foi, et la confession par notre bouche, qui est la confirmation de ce à quoi nous croyons.
Un de nos fils, eut un grave accident de la route, ou sa vie fut épargnée par miracle, et dont nous pouvons dire, là encore, que le Seigneur fut présent.
Je continue à exhorter chacun, à prendre conscience que le corps de christ a une importance capitale, et qu'il ne croit pas assez en son pouvoir !
Pendant cette période, nous avons passé des moments difficiles, j'étais tombé malade, nous n'avions que très peu de moyens, et notre fils eut ce terrible accident ! Tout en sachant que nous n'étions pas lâchés, il arrive en désespoir de cause que l'on se pose cette question :

"Mais Dieu ou es-tu ?" **Comme Job.**
Heureusement, je le disais ci-dessus, ce qui peut faire démonstration que nous ne sommes pas oublié, ce sont les frères et sœurs bien réels.
Ils sont sur cette terre, en chair et en os et peuvent manifester, s'ils acceptent d'être ambassadeurs pour Christ, l'amour du père, au travers de leurs actions.
Dans ces temps, particulièrement éprouvants que nous avons vécus, quelques frères et sœurs ont pris en considération que nous avions besoin de soutien. Nous n'avons jamais réclamé quoi que ce soit, sachant que notre père qui est dans les cieux voit tout, sait tout et qu'il a les commandes.

Je veux ainsi, vous inciter à prêter attention aux désespérances, mêmes passagères. Je garderai à jamais, gravé dans ma mémoire, ces attentions fraternelles qui me furent portées à ces moments là. Je n'oublierai pas non plus ceux qui, influencés par le Saint esprit nous ont aidé à maintenir nos têtes hors de l'eau.
Mais, ne sous-estimons pas ces expériences, elles ont du bon ; Elles nous permettent de mûrir dans la foi, et par la suite, nous font voir les situations avec un regard exercé et plein de sagesse. D'autre part, les difficultés et tests, si nous les passons spirituellement, nous aident à relativiser, ce qui peut devenir un capital sagesse.
Je dois en revenir à notre fils, qui après cet accident, souhaitait faire des études de commerce international. Il souffrait, et avait des séquelles mais nous avions confiance que Dieu ne nous avait pas abandonné dans cette épreuve.

Plus tard, nous avons pu le louer pour son entière bénédiction. Donc, pour continuer ses études il cherchait ou cela serait possible. Nous avons trouvé l'endroit, une ville à une certaine distance de chez nous, suffisante pour que nous ne puissions assurer le trajet quotidien. Nous n'avions aucun moyen, nous permettant d'assumer les frais de scolarité. Et comme toujours, nous fûmes dans l'obligation d'en référer à notre "Patron".

Parfois, nous sommes tellement acculés, dos au mur, qu'il n'y a pas d'autres alternatives que de réclamer de l'aide ; Mais c'est tellement bénissant d'être dépendant de celui qui ne nous reproche jamais de nous avoir aidé ! Le miracle eut lieu une fois de plus ! Notre fils qui était encore handicapé à la suite de son accident, et qui ne pouvait pas beaucoup marcher, fut admis, exceptionnellement comme pensionnaire du Lycée dans lequel il devait faire ses études de BTS.
Gloire à notre grand Dieu !

Le Seigneur nous apprit que même dans les situations les plus désespérées, si nous lui faisions confiance, il serait là, sa miséricorde, sa compassion, son amour pour nous sont bien réels !
Ce n'est pas que nous recherchions à tout prix à faire ces expériences, mais nous n'avions pas les moyens et nous ne pouvions compter que sur Dieu ; Je sais que pour nos enfants, quelque fois, ce fut traumatisant de vivre ces situations.
Mais avec le temps, ils se rendent compte combien le Seigneur nous a aimés, combien il a pris soin de nous, combien il a pris en considération nos besoins. Oui je peux dire avec certitude :
"Il a pourvu à tous nos besoins"

Plus tard, son diplôme BTS en poche, notre fils souhaita continuer ces études dans le commerce international. Il envisagea de passer plusieurs concours pour être admis dans une école supérieure de commerce. Il sélectionna trois villes qui lui paraissaient intéressantes, tant pour ces études que pour la renommée, le classement de ces écoles, dans la hiérarchie de leur reconnaissance.

Mon épouse et moi, même si nous ne pouvions vraiment l'aider matériellement, nous l'avons conduit dans deux de ces villes, afin qu'il passe ces concours ; Les distances étaient assez importantes et nous savions qu'il aurait sûrement à y revenir pour les examens oraux.
Je lui demandais, avant d'avoir les résultats, quelle était sa préférence ; Il me nomma la ville dans laquelle il aspirait à poursuivre ses études et je priais avec lui, pour l'encourager.

Mais aussi pour nous établir dans la foi, déclarant que le Seigneur entendait notre prière, qu'il aimait notre fils et que par conséquent, lui donnerait ce qui était le meilleur pour lui.
Les résultats arrivèrent, il devait passer les examens oraux dans les trois écoles ; Une discussion s'engagea entre nous, et comme il souhaitait que je l'accompagne dans la ville la plus éloignée, je lui dis que cela ne servait à rien puisque nous avions prié pour l'autre école.

Ce à quoi il répondit :
"Toi tu as la foi que Dieu va nous exaucer en me donnant cette école, mais moi, je préfère passer tous les examens oraux, pour avoir plus de chance !"
Je n'insistais pas, me retirant de cette discussion polémique, j'avais la certitude que le Seigneur nous avait entendus ; Toutefois, j'appris dans cette situation que l'on ne peut pas demander aux autres de faire suivant notre foi. Je compris donc que seul, le résultat serait une preuve que Dieu nous avait entendus. Quelques jours après cela, il reçut la réponse de l'endroit ou il souhaitait poursuivre ses études, et c'était négatif. Mon fils ébranlé par cette mauvaise nouvelle, me remit devant la réalité :
"Oui, peut-être que Dieu nous avait entendus, mais en attendant, je ne suis pas admis"!
Bon, comment réagir ? Allais-je me décourager, confesser la défaite, me retrouver dans le doute, l'incertitude ? L'instant de panique passée, je repris "mon esprit en mains", et je confirmai hautement, qu'il en serait comme il m'avait été dit :

"Je te donnerai ce que ton cœur désire"

Et ce que notre fils avait désiré, c'était d'entrer dans cette école dont la lettre nous informait qu'il n'était pas sélectionné. Je revins voir mon fils et lui dit :
"Tu auras cette école parce que le Seigneur nous a entendus, et même si tout parait contraire, je crois au miracle !"
Le temps passa puis un jour nous reçûmes une lettre nous informant qu'à la suite de certains désistements, notre garçon était admis dans cette école. Notre plus grande joie, c'est d'avoir vu se réaliser la promesse de Dieu, et qu'il en a bien été comme il l'avait dit ; Plus tard dans cette ville ou notre fils resta trois années, des bénédictions s'ensuivirent, et il eut d'excellentes relations avec des chrétiens à cet endroit.

La bible mentionne de nombreux exemples et nous fait part de ce que beaucoup d'hommes et de femmes de Dieu ont vu sa gloire :
Ils ne se sont pas fiés à ce qu'ils voyaient, ils ne se sont pas laissés influencer, ni intimider par ce que leurs yeux voyaient.
Ils ont amené les apparences à la lumière de la parole de Dieu, qui leur a donné la foi pour persévérer, dans l'attente d'une intervention miraculeuse.

MESSAGE N° 4

RENOUVELLEMENT DE NOS FORCES

Nous pouvons espérer bénéficier de la grâce de Dieu quand nous en avons le plus besoin.

« Approchons-nous donc avec assurance du trône de la grâce, afin d'obtenir miséricorde et de trouver grâce pour être secourus dans nos besoins »
Hébreux 4/16

Dieu peut nous accorder aujourd'hui et maintenant, un renouvellement complet, qui nous rendra capables d'affronter les difficultés du moment !

CEUX QUI SE CONFIENT EN L'ETERNEL RENOUVELLENT LEUR FORCE

EXODE 19 / 3
DEUTERONOME 32 /11-14

Je me souviens de la joie qui entra dans mon cœur, quant à l'age de 31 ans, j'ai accepté que Jésus vienne dans ma vie.
C'était formidable, et j'ai vu autour de moi de grandes choses s'accomplir, ainsi que des changements profonds dans ma vie, dans mon foyer et mon rapport aux autres, dans nos relations, parentales, amicales.
Je pensais qu'avec le Seigneur, j'allais transformer le monde, le mettre sens dessus dessous !...

Je pensais que tous allaient accueillir cette conversion avec joie, mais rapidement, je réalisais, je compris que tous ne partageaient pas mon point de vue et ne se réjouissaient pas autant que moi de cet extraordinaire changement !
Paradoxalement, je me demandais s'ils ne préféraient pas me côtoyer dans mon ancienne façon de vivre, qui effectivement ne leur venait pas en reproche.
Ensuite, j'eus de grandes difficultés dans mon travail à cause de mon témoignage, parce que je ne pratiquais plus certaines "magouilles".

Enfin, je fus rapidement confronté aux choix à faire : Prendre position pour le Seigneur et perdre quelques avantages immédiats, ou tergiverser, faire des compromis, et préserver ce qui pouvait l'être !
Je bénis le Seigneur de m'avoir aidé dans mes hésitations ! Je n'ai jamais eu à regretter, ni à m'en plaindre et à partir de ces choix, nous n'avons jamais plus manqué de rien, mon épouse, ma famille et moi !
Cependant je dois dire qu'il n'est pas facile de subir l'épreuve, le test de notre foi, même si dans le temps, après on s'en trouve fortifié !

Dans les premiers mois de ma conversion, je fus convoqué à la gendarmerie pour m'expliquer sur une affaire délictueuse faite par nos gérants, alors que nous n'y étions pour rien...Mais on me tenait pour responsable de leurs agissements frauduleux !(Voir témoignage en fin de message).
A cette époque, je dus prendre des décisions importantes :
Choisir de servir le seigneur et perdre des sommes relativement élevées, ou bien essayer de me dépatouiller dans des eaux troubles, vaseuses du monde des affaires et en retirer quelques bénéfices substantiels !

Au cœur des épreuves et du tumulte que nous affrontions, mon épouse et moi, le Seigneur ne nous a jamais abandonnés, il nous a toujours encouragés, il s'est toujours manifesté d'une manière glorieuse.

« Mais ceux qui se confient en l'éternel renouvellent leur force..., ils prennent le vol comme les aigles »

En effet, les aigles remontent sans effort, se servant des courants chauds, qui les font tournoyer dans les airs en ascension, comme les parapentes.

Par ma conversion, mon engagement, j'étais devenu prisonnier de Christ, comme le dit l'apôtre Paul. Je n'étais pas devenu parfait, mais je me suis rangé du coté de Christ, et je devais admettre cette bataille, cette lutte, ce combat avec mon ancienne façon de vivre !

Je tiens ici à rappeler que nous devons assumer les conséquences de notre ancienne vie.

Je fus souvent troublé, mais je savais que le fait d'abandonner ce chemin de vérité pourrait me conduire à la ruine, même si cela paraissait parfois contraire.

Il y eut des moments ou la bataille faisait rage, et grâce à Dieu, beaucoup de frères et sœurs nous ont soutenus dans la prière, supportés, c'est-à-dire portés par en dessous.

Je me souviens qu'un soir, ou j'étais particulièrement abattu, suite à cette convocation à la gendarmerie qui ne présageait rien de bon, mon père spirituel, pasteur de l'assemblée me rendit visite, pria pour moi et m'encouragea. J'en avais vraiment besoin !

Je bénis le Seigneur d'avoir toujours pourvu à tous nos besoins, et d'être venu à notre secours dans ces moments de détresse.

Quelques mois après ces premières épreuves, nous eûmes, mon épouse et moi un cap difficile à passer, celui de la maladie de notre fille chérie, à l'age de 6 mois !
« Hydrocéphalie » :
Sa tête grossissait anormalement, et le médecin était plutôt très inquiet. Là encore, le Seigneur envoya notre frère Pasteur pour prier pour notre fille, il eut ce jour-là, une compassion particulière

Il pria avec force et foi, convaincu en partant qu'elle était guérie. Quelques jours plus tard, le docteur venait nous dire qu'il fallait hospitaliser d'urgence notre fille, et mesurant à nouveau sa tète, cela paraissait irréel ! Celle-ci avait diminué de circonférence, ce qui fit dire au médecin non chrétien : « Et bien gloire à Dieu » !
Notre fille fut totalement guérie et se porte aujourd'hui parfaitement !

Je donne ces exemples pour dire qu'ayant choisi de suivre et de servir le Seigneur, tout ne fut pas rose, mais sa bénédiction s'est toujours manifestée.

Pour ceux qui se confient en l'éternel, il agit, il renouvelle leur force si nécessaire, peut leur envoyer un frère, une sœur, mais il ne nous abandonne jamais !

Pour apprécier ces versets, concernant les aigles, ce que nous avons lu dans Esaie et Deutéronome, nous devons connaître certaines choses au sujet de la mère aigle.

Tout d'abord, il construit son nid sur les pieds élevés des massifs montagneux les plus hauts.

La maman aigle se sert de branches épineuses pour tisser une structure solide pour y déposer ses œufs. Des matériaux doux, combinés avec des plumes tirées de sa poitrine sont ensuite placés à l'intérieur du nid... C'est un endroit attrayant et chaud pour ses aiglons.

1/ Un nid confortable :

Une fois nés, les aiglons habitent un nid chaud, douillet, placé très haut, au dessus du danger.
La mère les protège, les nourrit, et pourvoit à tous leurs besoins.
C'est ainsi que Dieu nous traite quand nous sommes des bébés en Christ. Nous découvrons la grâce, l'amour, le pardon et l'abondante provision d'un père bon et compatissant.
Nous sommes bien, dans un nid confortable, ce fut notre cas pendant quelques mois après notre conversion, mais comme je l'ai raconté, cela n'a pas duré !

2/ Le confort enlevé :

Puis, vient le temps ou la mère aigle sait que ses aiglons doivent apprendre à voler et à se débrouiller par leurs propres moyens.
Alors, elle commence à rendre le nid moins agréable, elle retire le duvet, et pour finir, il ne reste plus que des branches épineuses.
Les aiglons, à l'intérieur peuvent se déplacer autant qu'ils le veulent, mais il n'y a plus de confort, ce qui était jadis un nid douillet est devenu un lieu de douleur.

La mère est en train de les préparer à quitter le nid pour qu'ils apprennent à voler, à se débrouiller tout seuls.
Bien chers frères et sœurs, nous sommes bien souvent comme les aiglons, nous aimons bien nous installer dans un confort agréable, nous aimons bien nous établir dans des oasis, ou nous pouvons nous reposer au soleil.
Parfois, nous aimerions rester là où nous sommes, dans notre nid bien douillet, au lieu de continuer notre route vers la terre promise.
Mais arrive le temps ou Dieu nous montre l'étape suivante, dans son plan pour notre vie et alors, comme pour les aigles, il va nous enseigner à prendre le vol !

3/ Les leçons de vol :

Oh, bien sur, nous ne serons pas seuls dans ces premières expériences, car la mère des aiglons déploie ses ailes, prend les petits et les porte sur ses plumes (Deutéronome 32 / 11).
Le moment est arrivé, dans le processus de formation, car, à force de sentir les piquants du nid, depuis qu'elle a enlevé le duvet, finalement, c'est aussi bien de monter sur le dos de sa mère, et de s'agripper de toutes ses forces à ses plumes.
Elle prend son envol, s'élève au dessus des cimes, la vue sur la vallée est

magnifique, et l'aiglon croit que c'est une très belle aventure.

Soudainement, la mère fait un piqué qui laisse son tout petit seul dans les airs !
Terrifié l'aiglon se débat, essayant désespérément de contrôler son destin. Il plonge vertigineusement vers le sol, voyant arriver le moment de sa destruction.
Et, juste au moment ou tout semble perdu, l'aiglon aperçoit une ombre qui fonce au dessous de lui, et il sent le dos fort de sa mère se placer sous ses pieds, interrompant cette chute vertigineuse !
Encore une fois, il fixe ses serres dans les plumes fortes et rassurantes de sa mère qui s'élève à nouveau, puissamment…Elle monte, monte, toujours plus haut, et elle lui refait le même coup, plusieurs fois et à chaque chute, l'aiglon apprend toujours plus à se servir de ses ailes, jusqu'à ce qu'il, plane et vole de ses propres ailes.

Chers frères et sœurs, nous ressemblons à cet aiglon, le Seigneur nous dit de prendre l'envol comme les aigles.
Heureusement, il ne nous laisse pas dans la douleur et la souffrance, mais les épreuves font partie de notre formation. Je vous ai raconté au début, quelles furent nos luttes mais quelles expériences bénies nous avons faites, c'est glorieux devoir comment le Seigneur nous a sorti de ces situations !

Dans ma formation, il y a eu les abandons d'amis, à cause du témoignage, le lâchage de certains, et parfois, comme les aiglons j'ai cru que j'allais m'écraser à terre ! Mais le Seigneur m'apprenait à voler de mes propres ailes et il venait me secourir, me porter, me ramener sur les cimes alors qu'il me semblait que tout était perdu.

Exode 19 / 4 :

« Vous avez vu ce que j'ai fait à l'Egypte, et comment je vous ai porté sur des ailes d'aigle et amenés vers moi »
Non, le Seigneur ne m'a jamais abandonné, il ne nous a jamais abandonnés, même lorsque j'allais m'écraser, il est venu me prendre par en dessous, me supporter, pour me secourir !

« Mais ceux qui se confient en l'Eternel renouvellent leur force, ils prennent le vol comme les aigles »

Oui, il y a des épreuves, des combats, oui, il y a des situations inconfortables, mais Dieu qui règne encor, dont l'amour jamais ne s'endort, nous conduira jusqu'au port !

« Pareil à l'aigle qui éveille sa couvée, voltige sur ses petits, déploie ses ailes, les prend, les porte sur ses plumes, l'Eternel seul a conduit son peuple, et il n'y avait avec lui aucun Dieu étranger »

Deutéronome 32 / 11-14

Confie toi à l'Eternel de tout ton cœur, prend ton envol et apprends ainsi à expérimenter ses promesses !
Cher frère, chère sœur , peut être que ton confort est troublé, que tu es dérangé dans ton bien être, dans ton nid douillet, à cause de ces quelques piques ! Le Seigneur t'invite à quitter ce nid, alors que tu es là bien tranquille, mais c'est parce qu'il t'aime qu'il veut t'éjecter comme les aiglons. Il veut que tu apprennes à voler de tes propres ailes.

Tu as peur, tu dis mais je vais m'écraser ! Non car le Seigneur veille, tu vas le voir arriver au dernier moment, au dessous de toi, pour te faire remonter, pour te repositionner en haut, sur les cimes de la foi.

Ne crains pas petit aiglon, le Seigneur veille !

TEMOIGNAGE SUR MA CONVOCATION PAR LA GENDARMERIE

"Recommande ton sort à l'éternel, mets en lui ta confiance, et il agira, il fera paraître ta justice comme la lumière, et ton droit comme le soleil à son midi" (Psaume 37/5)

L'un des premiers combats que nous eûmes à mener, mon épouse et moi-même fut au sujet d'une affaire que nous avions mis en gérance. Un commerce dont j'ai beaucoup parlé dans mon premier livre et qui nous avait conduit au naufrage, non pas financier, mais moralement et physiquement.
Par la suite, nous avions mis en place des gérants. En attendant de passer l'acte notarié, qui devait être signé dans le mois, le notaire n'ayant pu nous recevoir avant ; nous avions, pour quelques jours, accordé l'autorisation d'exploiter.

La signature devait donc suivre très rapidement, rendez-vous étant pris avec le notaire. Entre temps, un contrôle des fraudes ayant eu lieu, je fus convoqué par la gendarmerie pour interrogatoire et pour faire ma déposition. Je me trouvais impliqué dans une situation ubuesque, n'étant pour rien dans ce problème de fraude, mais responsable vis-à-vis de la loi en tant que propriétaire.
J'avoue que cette convocation me perturba énormément, me troubla, car récemment converti me sachant protégé par Dieu, je fus déséquilibré dans ma foi.

Je dis aussi cela à vous, jeunes chrétiens qui pouvez être surpris par ce qui vous arrive alors que vous pensez être protégé dans tous les domaines. Ne jugez de rien avant le temps et ne soyez pas virulents dans vos propos. Mon expérience c'est que Dieu à la situation en main pourvu que vous continuiez à croire en lui.

Après ma déclaration à la gendarmerie, je dis à l'adjudant qui avait mené l'interrogatoire, et qui avait pris ma déposition, que conséquemment à ce qui venait de se passer, cette affaire serait fermée le jour même ! Ma détermination le surprit mais nous en sommes restés là avec lui. Toutefois, à la sortie de cet entretien, je pris ma voiture et allais directement dans la ville ou se trouvait cette affaire et en arrivant, déclarais avec autorité que c'était terminé, nous allions fermer ce que je fis sur le champ, tirant les rideaux cadenassant les portes.

Evidemment, j'expliquais aux futurs gérants ma prise de position, précisant qu'ils n'avaient pas tenu parole concernant l'honnêteté que j'avais recommandé, leur mentionnant que j'étais responsable jusqu'au passage de l'acte notarié.
Je veux ici préciser que ma conduite fut en grande partie dictée par rapport à ma récente conversion, je n'avais plus envie de tremper dans quelques « magouilles » que ce soit, ma conduite ne fut pas dictée par la peur ou autre chose, mais en grosse partie par le désir de ne pas déplaire à Dieu. Il est certain que prenant cette décision, je savais que nous allions perdre quelques unités, mais je ne voulais plus revenir en arrière et avoir à regretter par la suite d'être classé dans la catégorie des

irrésolus, inconstants...Ceux dont la bible nous dit qu'ils ne doivent pas s'attendre à recevoir quelque chose de sa part.

Cette affaire devait aller chez le procureur et suivre son cours, et bien, je n'en entendis jamais plus parler !

Nous croyons bien souvent que Dieu ne voit pas, Ne connaît pas bien les tracas par lesquels nous passons, je veux ici vous dire que notre créateur ne sommeille ni ne dort qu'il veille sur nous et qu'il prend soin de nous. Je voudrais aussi que vous sachiez que notre grand Dieu ne sera jamais débiteur. Si nous prenons position, dans la foi, ne recherchant pas notre bien être, alors il s'occupera de nous d'une façon merveilleuse. Ce fut le cas pour cette histoire qui aurait pu mal tourner. Je dois encore ajouter, que la somme récoltée pour la vente, d'une licence et le matériel restant, fut entièrement remis au seigneur.

Dans cette épreuve, mon pasteur m'encouragea, par la prière, mais aussi en m'exhortant dans la foi, ainsi que mon épouse d'ailleurs, qui vivait les choses de l'intérieur. Ce qui faisait notre joie, c'était de parler de la bible, de Jésus-christ, de témoigner de la grâce de Dieu, d'apporter cette bonne nouvelle, qui a le pouvoir de transformer les vies. Je me savais appelé pour servir d'une manière plus « officielle ». Cependant, ce qui dans ces premiers temps me paraissait capital, c'était de partager ce trésor que nous avions reçu. Comme quelqu'un qui aurait gagné un lot important, désirant avant tout en faire profiter le plus grand nombre de personnes. J'eus le privilège dans les tout débuts de ma conversion, d'avoir des relations d'excellente communion fraternelle avec mon pasteur et son épouse. Il faut dire que le coté commercial, l'expérience dans la communication et l'exercice de responsabilités, nous avaient entraîné dans une ouverture d'esprit qui facilitaient nos rapports. Bien entendu, avec cette bonne disposition d'esprit et de cœur, nous ne nous sommes jamais trouvés sans travail, je veux dire, spirituel.

J'affirme pour ceux qui seraient dans l'oisiveté ou en recherche de service pour Dieu : tenez vous humblement dans le lieu secret, réclamant votre part de travail, de service, dans l'œuvre de Dieu.

Il ne manquera pas de vous bénir dans ce domaine !

Mais surtout, ne lui imposez pas ce que vous, vous souhaitez faire !

N'oublions jamais que c'est Dieu qui donne les conditions de la bénédiction et bien souvent, il nous faudra travailler dans des domaines que nous maîtrisons mal ! Mais cela est normal, c'est afin de ne pas nous approprier sa gloire !

MESSAGE N° 5

CONFESSION DE NOTRE BOUCHE

Paul se trouvait en prison, lorsqu'il écrivit ses lignes :

« Rendez grâces en toutes choses »

1 Thessaloniciens5/18

Il savait qu'une attitude de reconnaissance est un choix que l'on doit renouveler chaque jour. Cette prise de position dans l'action de grâces est déterminante pour une vie dans les sommets et non dans les bas fonds. Que ce message nous apporte une aide précieuse pour nous entraîner dans une nouvelle communion avec notre Seigneur.

LECTURE : LUC 6/ 43 à 45 / II CORINTHIENS 4/ 12 et 13

La traduction Parole vivante de Luc 6/ 45 dit :

"L'homme qui est bon, fait le bien, car il le puise dans le trésor des bonnes dispositions qui sont en réserve dans son cœur ; celui qui est mauvais tire le mal de son fonds de méchanceté, car ce qui jaillit des lèvres n'est que l'expression de ce qui remplit le cœur et qui déborde de son trop-plein."

La confession n'est finalement que la proclamation de la gloire de Dieu et elle conduit à l'action de grâce, elle est la déclaration publique de notre foi !
On parle souvent, en tant que chrétiens de l'importance de la langue, dont l'apôtre Jacques nous dit qu'elle est comme un gouvernail de navire. C'est donc un instrument extrêmement puissant !

Mais je veux ici, mettre l'accent sur la confession de notre bouche, sur les paroles prononcées par le chrétien. Comment parle-t-il de la foi, de sa foi, que proclame-t-il au sujet de la gloire de Dieu, lorsqu'il ouvre sa bouche ? Fait-il comme si si ces déclarations n'avaient aucune importance ? Ou bien accorde-t-il, comme nous y incite les Saintes écritures, tout l'intérêt qu'elles revêtent ?
Nous prendrons des exemples dans la bible, d'hommes et de femmes qui ont été particulièrement bénis, à cause de leur confession, à cause de leur déclaration solennelle ! De même, je citerai des exemples de personnes bien vivantes, témoignant du pouvoir de la déclaration de foi. Je me suis souvent posé la question de savoir si Dieu avait besoin de nous entendre, s'il souhaitait que nous lui parlions.

Aime-t-il que nous lui répondions quand il nous parle, cela a-t-il de la valeur à ses yeux ? Celui qui sait tout, qui voit tout, connaît tout, a-t-il besoin d'entendre notre proclamation, notre confession, notre engagement pour nous bénir ?
J'ai souvent entendu des frères et sœurs dire : "Moi je n'ai pas besoin de parler à voix haute, le Seigneur sait ce qu'il y a dans mon coeur"
Dans la Bible, Romains chapitre 10/ verset 9, nous lisons :

"Si tu confesses de ta bouche....et c'est en confessant de la bouche qu'on parvient au salut"

Nous voyons ici combien il est essentiel de dire, de confesser, de confirmer, de proclamer ! Sans cela, il nous est dit clairement que nous ne pouvons être sauvés ! Ce principe tout entier, s'applique à chaque domaine de notre vie, et il est valable pour toutes les promesses de Dieu.

Oui, chers frères et sœurs, pour être sauvés, il faut ajouter à notre croyance du cœur la confession de notre bouche.

Finalement, on pourrait dire que la foi à une voix :

" J'ai cru, c'est pourquoi j'ai parlé"

Vous connaissez tous l'histoire de la piscine de
Béthesda, Evangile de Jean, chapitre 5 verset 2... Il y avait de nombreux malades qui attendaient le mouvement de l'eau, car un ange descendait de temps en temps dans la piscine et agitait l'eau. Celui qui descendait à ce moment là, était guéri, quelle que soit sa maladie. Or il y avait là un homme malade depuis trente huit ans, et Jésus, sachant cela, lui dit :

" *Veux-tu être guéri ?*"

Quelle question n'est ce pas ? Pourtant, Jésus attend la réponse du malade qui avait un désir en son cœur : Guérir ! On ne peut pas croire que Jésus ne savait pas. C'est donc une question étrange dans cette situation. Néanmoins, Jésus attendra la réponse de cet homme :
"*Je n'ai personne pour me jeter dans la piscine quand l'eau est agitée*"

Alors, il lui dit :

" *Lève toi, prends ton lit et marche*"

Nos réponses, nos déclarations, nos confessions, nos paroles prononcées, ont de la valeur pour Dieu, comme s'il ne voulait rien faire à notre insu. Il entend, il écoute !

Je me souviens avoir moi-même expérimenté ce genre d'évènement, ou l'action de Dieu n'a démarré qu'après ma déclaration. (Voir témoignage en fin de message). Le Saint-esprit m'a invité non seulement à marcher, selon sa parole, mais encore à proclamer hautement ma foi. Bien sur que nos paroles ont de la valeur, aux yeux de Dieu. Par elles, nous avons la capacité de transmettre soit la foi, soit la crainte, la peur. Quelle force par exemple, lorsqu'un enfant prononce pour la première fois "Maman", Quelle joie ce mot peut procurer aux parents. Mon épouse raconte dans l'un de ses témoignages, comment elle fut conduite à parler à l'une de nos belle-fille avec des paroles de foi.

Il a fallu qu'après maintes tergiversations le Saint esprit lui parle ainsi, un dimanche matin au culte :

" Tantôt tu dis une chose, tantôt tu dis son contraire, aussi, je ne peux pas te bénir"

Nous trouvons encore un bon exemple dans la Bible : II Chroniques 20/ 22, c'est l'histoire de Josaphat et des chantres, Celui-ci, entouré d'ennemis déclare que son peuple est sans force devant cette multitude nombreuse. Mais il affirme :

" *Nos yeux sont sur toi*"

Ensuite, après que l'esprit de l'Eternel ait parlé, il leur dit :

"*Demain, descendez contre eux*"

Et le lendemain, ils se mirent en marche avec les chantres, devant l'armée, qui célébraient l'Eternel ! Ils disaient :

" *Louez l'Eternel, car sa miséricorde dure à toujours*"

Et c'est au moment ou l'on commençait les chants et la louange Que l'Eternel plaça une embuscade contre les fils d'Amon, de Moab, et ceux de la montagne de Séir, et qu'ils furent battus.
Le peuple de Dieu confessait, proclamait, parlait, disait sa victoire par la louange.
Chers frères et sœurs, notre foi ne s'élèvera jamais au dessus des paroles qui sont sur nos lèvres. Nous avons de nombreux témoignages de personnes qui racontent l'influence, bénéfiques ou néfastes, de leurs attestations. Des paroles prononcées bien des années auparavant, se sont réalisées !

Comme d'autres qui critiquent en permanence le pays dans lequel ils vivent et travaillent. Il ne faut pas s'étonner que la récolte soit en fonction de la semence !
La confession précède la victoire.

Malgré les difficultés du moment, nous pouvons nous maintenir dans la foi en continuant de proclamer, énoncer, affirmer, publier, certifier, que nous faisons confiance à notre Dieu. Des pensées peuvent nous venir à l'esprit et y rester, cependant, si nous refusons de les traduire par des mots, si nous refusons de leur donner vie par des paroles, elles meurent avant d'avoir vu le jour.

Le Seigneur nous indique cela, dans Mathieu :

" *Ne vous inquiétez donc point et ne dites pas*"

Surtout, ne confessez pas que vous allez manquer de tout, alors que le psaume 23 nous rassure, en nous disant que nous ne manquerons de rien, j'ai ajouté : Jamais ! Apprenons, bien chers, à Déclarer, proclamer, confesser notre foi en Dieu, par des paroles favorables à pour notre bénédiction. Cela, ce n'est pas seulement croire et garder en son cœur, c'est confirmer à notre Dieu que nous prenons ouvertement parti pour lui, que nous nous attendons à lui.

Dans Genèse 39 versets 1 à 23, nous avons l'exemple de Joseph chez Potiphar, officier de Pharaon. Il refusa les avances de la femme Potiphar, mais ne se contenta pas de cela, il confirma son refus par des paroles catégoriques d'appartenance à Dieu.

"Comment ferais-je un aussi grand mal et pêcherais-je contre Dieu ?"
J'ai appris avec l'expérience qu'il était souvent vital d'affirmer clairement, par nos déclarations, dans quel camp nous étions.
L'ennemi ne se contentera pas d'un simple refus. Comme Jésus nous en a donné l'exemple dans le désert : Après avoir jeûné quarante jours et quarante nuits, la tentation du diable vint. La réponse de Jésus :

"Il est écrit"

Nous indique qu'il a parlé, dit, déclaré. Notre oui, notre adhésion, n'est pas suffisante, ils doivent être accompagnés de notre déclaration de foi, de la confession de foi quoi entraîne à la louange.
Le fils prodigue lui aussi a fait une déclaration solennelle :

"Etant rentré en lui-même, il a dit : Je me lèverai, j'irai vers mon père, je lui dirai"

Lorsqu'il rencontre son père, la première des choses qu'il fait, c'est sa confession.
Pour Pierre, encore, Jésus lui pose trois fois la question :
" Pierre M'aimes-tu ?"

Et il attend une réponse !

Il nous arrive bien souvent, en tant que serviteurs d'avoir à prier pour les uns et les autres. Beaucoup attendent que nous fassions une prière à leur place. je crois que c'est normal d'aider ceux qui ne savent pas comment s'adresser à Dieu pour leurs besoins. Mais c'est parfois primordial, que ce soient ceux qui savent exactement quel est leur besoin qui crient à Dieu. Nous pouvons être là, en soutien, pour les encourager dans leurs démarches, mais s'exprimer par des paroles donne toujours vie, c'est une semence, un appel au secours que notre Seigneur bénira.

Oui, votre déclaration, votre engagement parlé, vos affirmations de foi ont du prix, de la valeur aux yeux de Dieu !

LA FOI POUR LE LOCAL

"Ainsi la foi vient de ce qu'on entend, et ce qu'on entend vient de la parole de Christ"
(Romains 10/17)

L'apôtre jacques nous dit :

"La foi sans les œuvres est inutile....Tu vois que la foi agissait avec ses œuvres, et que par les œuvres, la foi fut rendue parfaite"

Plusieurs occasions me furent données dans ma vie chrétienne, d'avoir à concrétiser par des actes ce que je confessais de ma bouche.

Il est vrai que les paroles sans les actes ne prouvent pas grand-chose. La parole de Dieu nous invite à faire comme nous l'avons dit. Nous avions trouvé un local pour l'église, et le propriétaire paraissait content de louer à des gens auxquels il pourrait compter pour le paiement de son loyer. Nous étions au premier étage et il possédait un entrepôt au rez de chaussée qui nous intéressait plus particulièrement ; Je lui avais d'ailleurs signalé à maintes reprises que dès qu'il serait libre, il veuille bien nous en faire part. Nous étions déjà là depuis une année, nous entretenions d'excellentes relations, et voila qu'un jour en passant devant cet entrepôt, je vois un panneau :
"A louer !"

Vous imaginez ma déception et mon courroux, pour ne pas dire plus !
J'ai évidemment appelé le propriétaire pour lui faire part de mon agacement, lui précisant qu'il aurait pu me prévenir étant donné ma demande. Je pense que sans vouloir nous l'avouer, il ne souhaitait pas nous le louer pour des raisons assez bizarres, prix, acquéreur en vue etc..
Quelques jours avant cela, j'avais lu dans la bible, Deutéronome :

"Tout lieu que foulera la plante de votre pied sera à vous !"

A la sortie d'une réunion de prière, après ces démarches infructueuses auprès du propriétaire, passant devant le local à louer, le saint esprit me remit en mémoire ces paroles, me soufflant :
"Marche le long de ce dépôt, fais-en le tour pour te l'approprier" !
C'était vraiment fort et extraordinaire, surnaturel. Je jetais un regard autour de moi, au cas ou quelqu'un m'espionnerait ! Puis je fis exactement ce qui m'avait été dit :
Je foulais avec la plante de mes pieds je faisais le tour deux fois, ensuite confessais ces paroles, et affirmais que l'affaire était classée.

Quelques jours plus tard, j'eus l'occasion d'inviter la propriétaire à un repas que j'avais organisé, pendant lequel, des témoignages furent apportés. Il était à ma table et je lui ai confirmé que ce local serait pour nous, quoi qu'il fasse pour la bonne raison que le saint esprit m'avait parlé. Je lui dis que nous avions prié et que je m'attendais dans la foi à une réponse favorable. Je savais qu'il était en discussion avec un homme d'affaires, en passe d'un accord, mais cela ne me perturba pas, j'étais sûr de la promesse.

Quelques jours plus tard, il m'appelait, et préparant cet entretien, je priais demandant au seigneur de manifester sa gloire ; Dés le début de notre entretien, je parlais avec lui de la grâce de Dieu, de son amour, puis je lui dis avoir l'assurance que le seigneur nous voulait à cet endroit. Finalement, il me confirma qu'il avait bien un bailleur plus intéressant que nous mais qu'il préférait nous accorder ce local.
Merci Seigneur tu as conduit toutes choses, il a fallu seulement aller jusqu'au bout, dans la foi et la détermination !

Je peux donc dire que

"la foi vient de ce qu'on entend, et ce qu'on entend de la parole de Dieu".

Ensuite, après avoir reçu les paroles, encore faut-il les confesser pour confirmation, et enfin rester ferme jusqu'à l'accomplissement de la promesse.
L'apôtre Paul lui-même dira par ailleurs :

"J'ai cru, c'est pourquoi j'ai parlé !"

« Nous aussi nous croyons, et c'est pour cela que nous parlons... »
Bien des gens se privent de la bénédiction parce qu'ils ne répondent pas oralement, si je peux m'exprimer ainsi. Le Seigneur nous invite à lui répondre, ce qui vaut acquiescement, confirmation, accord.

MESSAGE N° 6

LA SANCTIFICATION

Le principe de la sanctification ou croissance spirituelle est bien plus qu'une lutte incessante contre la chair.

C'est une marche en nouveauté de vie par l'esprit (le notre), lui-même éclairé et dirigé par le Saint-Esprit. Pour chasser les ténèbres d'une pièce, il suffit d'allumer la lumière.

Il nous faut donc être remplis de cette lumière jour après jour, en marchant de sanctification en sanctification. Nous serons alors :

"Le sel de la terre et la lumière du monde" selon Mathieu 5/13 et 14.

LECTURES : 1 Thessaloniciens 5 :23 / Hebreux 12 :14

Elle n'est pas la purification des péchés, et ne remplace pas la croix et le salut par grâce.
La sanctification est l'obéissance et on peut considérer qu'elle est progressive dans le sens qu'elle consiste à obéir à Dieu de plus en plus parfaitement.

Le nouveau testament met l'accent sur la transformation intérieure qui produit la pureté des pensées et des actes. Elle doit nous aider à un changement moral et spirituel.

La bible nous enseigne toutefois et c'est rassurant, que tout comme l'homme ne peut pas se sauver lui-même, il ne peut pas non plus se sanctifier lui-même. Dieu, qui est l'acteur de notre salut, ne devient pas le spectateur de notre sanctification :
1 Corinthiens 1/30, L'apôtre Paul nous dit :

« Jésus-christ a été fait pour nous sanctification et rédemption. »

Paul nous précise encore dans

1 Thessaloniciens 4/7, L'appel de DIEU :
1/ l'état dans lequel il trouve l'homme
2/ Ce à quoi l'homme est appelé, la sainteté

On peut donc considérer ici que l'appel de Dieu ne se résume pas à nous sauver, mais aussi à nous transformer, car, la sanctification va nous aider à prendre conscience de notre état de rebelles ! et elle va nous aider à lutter contre notre orgueil, nos sentiments, notre chair.....

Vouloir nous sanctifier, c'est vouloir laisser Dieu nous aimer !
Pour que la bénédiction de Dieu puisse passer dans nos vies, nous devons entretenir avec lui, une relation de fils, de fille à père et non d'esclave, qui obéit à des règles, des lois, d'où le légalisme. Notre relation avec Dieu est-elle basée sur l'idée de devoirs à accomplir, de règles à observer ?

AVONS- NOUS LA MENTALITE D'ESCLAVE OU DE FILS ET FILLES ?

Nous devons considérer que la sanctification n'est pas une épreuve, mais un bienfait.
Souvent, ce mot fait peur, parce qu'il nous fait penser à contraintes, efforts...
Pourtant, l'essentiel dans le but de Dieu pour les chrétiens, c'est qu'en acceptant de se sanctifier, c'est-à-dire laisser faire l'œuvre de Dieu en eux, dans cette marche, ils se débarrassent de tout ce qui les empêche d'être réellement libre :

Le péché qui nous garde captif, la culpabilité, les blessures du passé, notre lutte entre la chair et l'esprit !

Il faut également préciser que la sanctification n'est pas une option de la vie chrétienne, elle est au centre de la volonté de Dieu pour nous :

« Ce que Dieu veut, c'est votre sanctification »

Et non pas vos efforts pour rester en règle, pour suivre mes lois !

La conversion n'est pas une fin en soi, elle débouche forcément sur une nouvelle manière de vivre, et le Seigneur ne nous laisse pas orphelins dans cette marche de l'obéissance !
Le nouveau testament insiste de manière égale, sur la part de Dieu et sur la notre dans la sanctification. IL nous entraîne dans une lutte intense contre le péché, et il nous dit que nous pouvons compter sur son soutien, son aide dans ce domaine là, plus particulièrement !

Il nous faut comprendre que la bénédiction dans notre marche dépend pour beaucoup de notre relation avec le Seigneur :

-LE SANG DE CHRIST PEUT RECOUVRIR NOS PECHES, MAIS IL NE NOUS FAIT PAS DEPENDRE DE LUI !

-LES MIRACLES PEUVENT NOUS DELIVRER DE LA PUISSANCE DE SATAN, MAIS ILS NE PEUVENT NOUS FAIRE DEPENDRE DE J.C !

-DIEU PEUT VOUS DIRIGER DE FACON SURNATURELLE ET MALGRE TOUT NE PAS VOULOIR LUI OBEIR EN CERTAINES OCCASIONS !

D.WILKERSON appelle ceux qui ne veulent dépendre de Dieu que pour ce qu'il donne, les croyants de pain !

Pourtant, l'homme ne vivra pas de pain seulement mais de toutes paroles qui sortent de la bouche de Dieu !

Pour marcher comme le dit l'apôtre Paul, de progrès en progrès, cela ne peut se faire que dans l'acceptation, l'obéissance à la parole de Dieu, qui nous maintient dans l'humilité, la bonne disposition de cœur, qui permet au saint-esprit de nous bénir, de nous toucher dans nos besoins personnels !

Cela nous permet, si nous le désirons, de nous débarrasser de nos anciennes mauvaises habitudes, de progresser dans la guérison intérieure, par les révélations du saint-esprit, et cela, au fur et à mesure de notre marche.

La sanctification nous guérit de nos blessures intérieures, elle nous aide à nous débarrasser de nos complexes, de nos peurs.
Elle à un effet extraordinaire dans tous les domaines de culpabilité que nous pourrions encore traîner, en nous rappelant que nous sommes fils de Dieu, frères et sœurs de Jésus-christ. La sanctification, c'est de nous voir jour après jour dans le miroir de la parole de Dieu, et donc à nous voir comme des fils qui ont besoin du père, espérant qu'il pourvoira à tous leurs besoins !

Mais je pense que dans cette relation privilégiée, de fils, elle nous entraîne à passer de victimes à responsables ! Elle nous permet d'affronter la réalité avec courage et foi parce que la parole de Dieu et notre relation avec le saint esprit placent en nos cœurs cette conviction que le Dieu de notre salut est à nos cotés dans tous nos combats !
Nous ne sommes pas abandonnés ! Nous ne sommes pas seuls, en le recherchant à lui, premièrement, nous nous sanctifions, mais aussi nous sommes assurés de sa présence divine dans notre parcours, nous croyons ainsi qu'il pourvoit à tous nos besoins !

Le seigneur nous dit par ailleurs que nous sommes une nation sainte, 1 PIERRE 2/9, et nous enseigne ainsi que si l'appel à la sainteté est personnel, il est également indissociable de la dimension collective de l'église.
Les appels à la sanctification, sont souvent accompagnés de recommandations à changer de conduite, et en cela, la communauté doit nous y aider !

La sainteté est le chemin qui mène l'homme dans une relation intime avec son Seigneur, et qui le fait marcher dans son projet.
Aujourd'hui, je voudrai que nous prenions tous conscience des progrès que nous avons à faire, mais surtout des progrès que nous pouvons faire avec l'aide de Dieu.

LA SANCTIFICATION, C'EST VOULOIR PLUS DE CHRIST, PLUS DU SAINT ESPRIT, PLUS DE LA PAROLE DE DIEU.

Ce n'est pas une série d'interdictions, c'est désirer avoir une relation privilégiée avec christ !

L'Apôtre Paul parle aux corinthiens et leur dit :

« Vous avez été sanctifiés »

Pourtant, ces mêmes chrétiens sont loin d'être parfaits, puisque ils sont charnels selon 1 Cor 2/1, mais en même temps, ils sont saints, ce qui nous invite à croire que c'est la position de tous les nouveaux nés spirituels !

D'ailleurs, dans Apocalypse 22/11, nous lisons :

« Que celui qui est saint soit encore sanctifié »

Si nous vivons dans l'assurance de la vie éternelle, nous vivons aussi dans la confiance que Dieu nous perfectionnera, et qu'il terminera l'œuvre qu'il a commencée en nous selon Philippiens 1/6.

Ne soyons pas impatients, ce qui est primordial c'est de vouloir que le saint esprit agisse en nous, il nous montrera, jour après jour ce que nous devons faire, ce que nous devons laisser, ce que nous devons changer, ceux à qui nous devons pardonner, ceux pour qui, nous devons prier !

Si notre cœur est bien disposé, Dieu nous aidera dans notre sanctification, qui sera en bénédiction pour beaucoup !
La sanctification n'est pas une œuvre humaine, elle ne s'appuie pas sur des techniques sur une morale ou autre, sur l'observance de règles ou de loi, elle est l'œuvre de Dieu, du SAINT ESPRIT.

Mais cette œuvre divine demande notre coopération.
Paul parle de la grâce de Dieu qui agit en lui, et ce que le Seigneur nous demande dans cette coopération, c'est d'être soumis à l'Esprit Saint qui alors peut agir en nous.
Ce que le Seigneur nous demande, c'est d'abandonner nos résistances :

VOULONS-NOUS REMETTRE AU SAINT ESPRIT LES CLES DE NOTRE CŒUR, POUR QU'il PUISSE DETRONER TOUTES LES IDOLES QUI SE CACHENT DANS LES PIECES LES PLUS SOMBRES ?

N'empêchons pas Dieu d'intervenir dans nos vies, laissons le faire pour que cet homme nouveau, cette femme nouvelle nés de christ, marchent de sainteté en sainteté, donc de progrès en progrès !

CELUI QUI NOUS A APPELES EST SAINT, NOUS POUVONS DONC RECEVOIR DES LECONS DE LUI :
1 PIERRE 1/15

Il faut que nous pensions toujours que Dieu veut notre bien, il nous aime en tant que père, nous sommes fils et filles du très haut, et

« sa volonté pour nous est bonne, agréable et parfaite »,

il veut nous conduire chaque jour à saisir quelque chose de Christ.
Apprenons ce principe, de jour après jour, confions nos journées au Seigneur, et

demandons au Saint-esprit de nous apprendre quelque chose de nouveau chaque jour, recherchons la sanctification sans laquelle nul ne verra le Seigneur...
Dans l'évangile de Jean, chapitre 17 verset 17, il nous est dit :

« Sanctifie les par ta vérité, ta parole est la vérité ».

Ce n'est pas toujours facile de se laisser sanctifier par la parole de Dieu, pourtant c'est ce que le Seigneur nous demande, ne prenons pas de cette parole, seulement ce qui nous arrange, mais laissons Le Saint esprit travailler nos cœurs par elle, et si elle nous reprend, c'est pour notre bien.

Mais, en même temps, ne prenons pas cela comme une difficulté non accessible, un but trop élevé, inatteignable, l'apôtre Paul nous appelle à marcher de progrès en progrès, et en même temps, il confesse n'avoir jamais atteint la perfection !
La parole nous indique que c'est au ciel que nous serons pleinement sanctifiés, mais en attendant, laissons nous guider dans ce chemin de la sanctification, qui nous aide à faire du nettoyage dans notre vie, mais encore nous permet d'aider notre prochain dans ces difficultés !

DANS LE FOND, POUR NOUS, LA SANCTIFICATION N'EST PAS AUTRE CHOSE QUE LA LUTTE CONTRE LA CHAIR PAR LE SAINT ESPRIT QUI NOUS VIENT EN AIDE, ET L'ESSENTIEL C'EST DE VOULOIR MARCHER DE PROGRES EN PROGRES, ET DE VICTOIRES EN VICTOIRES SUR LE PECHE !

TEMOIGNAGE SUR MON COMBAT PERSONNEL

"Je n'ai pas abandonné les commandements de ses lèvres ; j'ai fait plier ma volonté aux paroles de sa bouche" (Job 23/12)

Je veux également partager avec vous chers lecteurs, ce que furent aussi nos luttes, nos combats, nos forteresses.

Je devrais d'ailleurs dire pour quelques uns de ces bastions à faire tomber, qu'ils étaient si personnels que ce fut difficile d'associer d'autres personnes à ces épreuves. Par contre, il me fut bien agréable que ceux qui étaient autour de moi m'aident dans ces efforts pour me défaire de mauvaises "habitudes". Dans ce nom donné par condescendance, à mauvaises habitudes, je veux surtout parler de la cigarette, autrement dit j'étais fumeur ! Et comme je le disais souvent, c'était un plaisir qui me restait, une fois converti ! On allait tout de même pas tout me supprimer, non ?

Sur mon chemin, de ci, de là, je rencontrais des fumeurs chrétiens, ayant comme moi des difficultés pour arrêter, et d'autres ex fumeurs délivrés à la suite de prières de foi, instantanément libérés ! Vous comprendrez que le choix de la catégorie vers lesquels je me tournerais, fut vite décidé ! Je rechercherais le témoignage de ceux qui ont été délivrés instantanément sans effort ! Leur histoire était formidable, il avaient profondément désirés ne plus fumer, avaient parlé de leurs problèmes avec des serviteurs ou avec des frères, tout cela s'était conclu par la prière et voilà, ils ne fumaient plus.

Je ne ferai pas ici le récit complet au sujet de ma femme, qui fut délivrée du tabac alors qu'elle n'avait rien demandé. Simplement, nos amis pasteurs ont prié pour elle parce qu'elle avait une douleur importante au dos ; Elle fut instantanément libérée de la "fumée". J'ai donc moi aussi eu l'occasion de m'en remettre à Dieu par l'intermédiaire de serviteurs de frères, mais rien ne s'est passé ! Plusieurs fois, pendant des réunions ou des appels étaient faits par rapport aux délivrances de quelques points de résistance que ce soit, je ne reçus aucune guérison miraculeuse ! Je tiens à mentionner ici que l'on m'a fait écraser de nombreux paquets de cigarettes ! Je dis cela avec humour, je ne regrette rien de ces expériences, mais avec le recul, j'aurais pu économiser quelques paquets !!!

Donc, en désespoir de cause, je m'en remis à mon Dieu lui demandant de prendre en compte mon véritable désir d'être débarrassé de ce lien.
Un jour, le Saint-esprit mit cette pensée en mon cœur que le seigneur avait bien compris ma demande ; Mais ce qu'il voulait faire à ce sujet, ou au travers de cette " affaire ", c'était m'accorder son aide pour former ma volonté.

Quelques amis chrétiens connaissaient mon souhait de me rendre libre dans ce domaine ; J'avais partagé avec une sœur en particulier qui m'avait parlé du plan des cinq jours, pour être aidé dans cette libération. Elle appela mon épouse, pour lui signaler que ce plan serait prochainement en place dans notre ville et qu'elle me conseillait d'y aller. Ma femme qui en avait assez de m'entendre ronchonner à ce sujet, l'invita à me rappeler directement ; Ce qu'elle fit le soir même, et comme je m'étais un peu engagé avec elle, je ne pus me rétracter.

Me voila donc dans ce séminaire de cinq jours, ou nous allions à une réunion tous les soirs.
J'avais prié, tout en disant au seigneur que si c'était trop dur, je succomberai à la tentation, d'autant que par mesure de "sécurité", j'avais laissé traîner un paquet dans la boite à gants de la voiture.
Je me surpris moi-même de ne pas toucher une seule fois à ces cigarettes, pourtant à portée de mains !

Une fois ce séminaire terminé, de nouvelles dispositions furent prises pour éviter de retomber dans ce problème, si dur à combattre. Une seule tentative de fumer un cigare provoqua en moi la décision d'arrêter définitivement. Après un bon déjeuner, chez un de mes meilleurs clients, je fus pris d'une envie soudaine de me détendre avec un bon cigare ; Et comme j'en avais justement dans la voiture, j'en pris un que je fumais à moitié ! Le trouvant excellent, je compris que j'allais replonger et l'aide du Seigneur me permit de le jeter, et ainsi d'en terminer avec ce combat qui fut le dernier pour la cigarette.

Vous qui souhaitez vous débarrasser de ce lien, ne négligez pas, si vous demandez de l'aide au Seigneur, qu'il s'y prenne avec vous d'une autre manière que celle à laquelle vous vous attendez !
En prenant conscience qu'il s'agit de quelque chose d'important, tant pour la santé, que pour notre domination sur tout ce qui est esclavage !

On pourrait ajouter comme argument supplémentaire, actuellement, les économies que cela comporte. Je vous invite donc à prier pour que Dieu vous aide, vous conduise, et prenne en compte votre difficulté à vous en sortir tout seul.
Dans votre demande, commencez à confesser que Dieu est tout puissant, qu'il est au dessus de tout, que vous le savez capable de vous bénir dans la situation actuelle. Dites lui ensuite que vous souffrez d'être esclave de cette mauvaise habitude, quelle qu'elle soit !

Même si cette délivrance devait passer par un effort personnel, comptez sur Dieu pour vous aider, il le fera comme il l'a fait pour moi !

Très souvent, dans ces situations, c'est l'estimation de l'effort à faire qui fait abandonner le combat. En réalité, le Seigneur ne demande que notre décision, notre approbation à son aide.

Il prend alors en charge les circonstances dans lesquelles on se trouve, pour les transformer en bénédiction, en victoire.

MESSAGE N° 7

IL Y A DES PAROLES QU'IL NE FAUT PAS ÉCOUTER

Pour ceux qui ne connaissent pas l'histoire du diaporama concernant les grenouilles qui font une course…….je la raconte….

Il s'agit d'un groupe de grenouilles qui décident de faire une course, à savoir, quelle est la première qui atteindra le sommet d'une tour!
Pendant le parcours, beaucoup de grenouilles "public" proclament bien haut qu'aucune ne parviendra au sommet, que cela est trop difficile, voire impossible, et les acclamations négatives s'entendent pendant cette course!

Puis, finalement, le découragement les atteint, les unes après les autres et elles finissent par abandonner, sauf une qui continue son parcours, jusqu'à parvenir au sommet!

Intriguées, les perdantes lui posent la question de savoir comment y est-elle arrivée ?
Comme elle ne répond pas, chacune s'interroge et découvre par la suite que la gagnante est sourde!

Et aujourd'hui, je veux mettre l'accent sur le fait que certaines paroles ne sont pas à écouter parce qu'elles nous perturbent dans notre foi, dans notre marche!

J'ai relevé en résumé, six groupes de paroles qui me semblent refléter ce que nous vivons presque tous les jours et contre lesquels le Chrétien doit lutter:

- 1/ Les paroles d'intimidation
- 2/ Les paroles qui veulent nous rappeler notre passé
- 3/ Les paroles qui suggèrent un compromis
- 4/ Les paroles qui vous abaissent (qui vous sous-estiment)
- 5/ Les paroles qui vous suggèrent un raccourci par rapport au temps de Dieu
- 6/ Les paroles qui vous enlèvent la paix

La parole est un instrument puissant qui agit de deux manières dans la vie de chacun de nous. Une parole est comme une flèche, elle entre dans le cœur, blesse, démoralise et gâche une journée voir même le reste de ta vie. Il y a aussi des types de parole qui agissent comme stimulant pour aider à avancer, des paroles encourageantes…

Autant, notre parole peut donner vie, être une semence qui produira du fruit, autant nous devons veiller de ne pas donner accès à notre cœur à certaines paroles!

Proverbes 18/ 20 et 21:

" *20 ¶ C'est du fruit de sa bouche qu'un homme rassasie son corps ; c'est du revenu de ses lèvres qu'il sera nourri.*
21 ¶ La mort et la vie sont au pouvoir de la langue, et celui qui en aime l'usage, en mangera les fruits.
Nous ne devons pas négliger l'importance que peuvent avoir ces influences néfastes, surtout si nous n'avons pas le caractère pour les refuser, les repousser les rejeter....

L'apôtre Paul nous conseille de nous entretenir par des hymnes, des psaumes.. de nous exhorter ainsi:

Colossiens 3/16 :

16 Que la Parole du Christ réside et vive au milieu de vous dans toute sa richesse, qu'elle vous inspire la vraie sagesse qui vous permettra de vous instruire et de vous avertir les uns les autres. De tout votre cœur, chantez à Dieu votre reconnaissance pour sa grâce, par des psaumes, des hymnes et des cantiques inspirés par l'Esprit.
Cela c'est ce que devraient faire les Chrétiens!

Maintenant, nous savons bien qu'il est difficile, dans notre quotidien de ne pas entendre des paroles destructrices, mais nous devons veiller pour qu'elles ne nous enlèvent la joie du converti!

Reprenons les six thèmes concernant les paroles que nous devons refuser d'écouter:

- 1/Les paroles d'intimidation

Il y a de nombreux exemples dans la bible qui nous montrent que les décidés pour Dieu, ne ce sont pas laissés intimider par les tentatives de l'adversaire.
Saül dit à David : "*Tu ne peux pas aller te battre avec ce Philistin, car tu es un enfant, et il est un homme de guerre dès sa jeunesse*" 1Samuel 17.33

Chaque fois que vous voudrez relever le défi de servir votre génération et de sortir des sentiers traditionnels, vous serez confrontés à la bataille de l'intimidation. Avant de vaincre Goliath, David a dû remporter cette bataille. Il en sera de même pour vous si vous en avez assez de voir l'ennemi se moquer de vous, et si vous désirez glorifier Dieu dans votre génération.

Parfois, le diable passera par des personnes que vous respectez pour tenter de vous intimider. Probablement bien intentionné, mais mal inspiré, le roi Saül a commencé à décrire le Curriculum Vitae et le pedigree de Goliath pour tenter d'expliquer à David qu'il lui était impossible de le terrasser. Les plus anciens et les plus expérimentés des soldats n'avaient-ils pas capitulé devant Goliath ? *"Qui es-tu David pour penser pouvoir y arriver"* ?

L'esprit d'intimidation vous remplit de peur et finit par vous paralyser, si vous cédez à ses suggestions. Réalisez-vous que la plupart des gens sont cloués au sol simplement parce qu'ils se laissent effrayer dans leurs pensées ? Ils laissent l'ennemi construire dans leur imagination des portraits de défaite, de pauvreté, ou de victime. Ils capitulent sans avoir livré bataille, comme le paresseux qui dit "Il y a un lion dehors ! Je serai tué dans les rues" (Proverbes 22.13)

2/ Les paroles qui veulent nous révéler notre passé

(Phil 3.13, Es 34.18)
Chacun de nous a un passé. Dans notre passé il y a des victoires et des échecs, des hauts et de bas, de bonnes et de mauvaises choses. Nous devons nous rappeler que Jésus a pris notre passé à la croix pour nous donner un avenir glorieux. Le Diable connaît nos points faibles parmi lesquels il y a le souvenir de notre passé. Il utilise notre entourage pour nous rappeler notre passé comme s'il avait encore du pouvoir sur nous.

Vous etes pardonnés, vous avez accepté le sacrifice de Christ et vous voulez marcher de sanctification en sanctification. Donc, faisons comme Paul:
Non, frères, pour moi je n'estime pas avoir saisi le prix. Mais je fais une seule chose : oubliant ce qui est derrière moi, et tendant toute mon énergie vers ce qui est devant moi."(Philippiens 3/13)

Es 43.18 " *18 Ne vous souvenez plus des choses passées, ne considérez plus celles des temps anciens.*

3/ Les paroles qui suggèrent un compromis
Il y a certains types des paroles qui vous suggèrent des compromis dans votre foi ou dans le plan que vous avez reçu de Dieu.

Ex 10,8-11
[8] On rappela Moïse et Aaron auprès du pharaon qui leur dit : — Allez rendre un culte à l'Eternel votre Dieu. Mais quels sont ceux qui iront ?
[9] Moïse répondit : — Nous irons avec nos enfants et nos vieillards, nos fils et nos filles, nous emmènerons notre petit et notre gros bétail : car nous allons célébrer une fête en l'honneur de l'Eternel. [10] Le pharaon répliqua : — Que l'Eternel soit

avec vous, lorsque je vous laisserai partir avec vos enfants ! Il est clair que vous avez de mauvaises intentions ! ¹¹ Mais ça ne se passera pas ainsi ! Que seuls les hommes aillent rendre un culte à l'Eternel, puisque c'est là ce que vous me demandez ! Sur quoi on les chassa de chez le pharaon.

Moise est ferme, pas de compromis. Il y a des choses qui ne se négocient pas – les promesses de Dieu, votre liberté, votre communion avec Dieu.
On pourrait encore donner l'exemple d'Hérode qui promit avec serment à la fille d'Hérodias de lui donner ce qu'elle demanderait.. et à l'instigation de sa mère, ce fut la tête de Jean Baptiste qui fut réclamée et obtenue! (Mathieu 14/3)

4/ Les paroles qui vous abaissent (vous sous-estiment)

1 Samuel 17/28 et 29 :
" *28 Et quand Éliab, son frère aîné, entendit qu'il parlait à ces hommes, sa colère s'embrasa contre David, et il lui dit : Pourquoi es-tu descendu ? et à qui as-tu laissé ce peu de brebis au désert ? Je connais ton orgueil et la malice de ton coeur. Tu es descendu pour voir la bataille.*
29 Et David répondit : Qu'ai-je fait maintenant ? N'est-ce pas une simple parole ?
Les paroles qui abaissent bloquent beaucoup d'enfants de Dieu et les empêchent à apprécier son œuvre dans leur vie.

Lorsque son frère aîné Eliab l'entendit discuter avec les soldats, il se mit en colère contre lui et lui dit : Que viens-tu faire ici ? A qui as-tu laissé nos quelques moutons dans la steppe ? Je te connais bien, moi, petit prétentieux ! Je sais quelles mauvaises intentions tu as dans ton cœur ! Tu n'es venu que pour voir la bataille !
Combien de personnes blessées par des paroles entendues et malheureusement non refusées et j'ajoute non remplacées par la parole bénissante et guérissante de notre Seigneur!

J'ai vécu l'expérience lors d'un entretien pastoral, d'un frère qui a gardé dans son cœur des paroles méprisantes et blessantes pendant 60 ans! Il faut alors évacuer, rejeter ces mots, les cracher, et les remplacer par les encouragements du Seigneur! Nous avons pu prier pour qu'il soit délivré, qu'il accorde son pardon et qu'ainsi, il reçoive les paroles de notre Seigneur, gratifiantes et apaisantes!

5/ Les paroles qui vous suggèrent un raccourci
Gn 16.2
"*Saraï dit à Abram : Puisque le SEIGNEUR m'a empêchée d'avoir des enfants, va avec ma servante, je te prie; peut-être aurai-je un fils par elle. Abram écouta Saraï.*"
A l'époque, on aurait pu considérer cette proposition comme une bonne suggestion, mais nous savons que Abraham devra supporter des conséquences néfastes pour le reste de sa vie.

L'impatience fait agir les Chrétiens d'une façon charnelle. Ce que le Seigneur nous demande c'est de rester dans cet apprentissage de la foi, c'est de recevoir de lui le feu vert pour agir!

Le roi Saul a agi précipitamment, par crainte du peuple, il a désobéi et nous savons ou l'a amenée cette impatience, cette précipitation.
Il a pris un raccourci et j'ai souvent fait l'expérience qu'il était bien plus sage et bénissant d'attendre le feu vert de Dieu! (Voir témoignage en fin de message)

6/ Les paroles qui nous enlèvent la paix
La paix est un don de la croix et un fruit de l'esprit. que la parole de Dieu nous encourage à conserver, à garder, à cultiver, elle nous conseille de faire tous nos efforts pour que cette paix demeure dans nos vies.
C'est un bien précieux et nous devons non seulement l'apprécier à sa juste valeur, en rendant grâces à Dieu, mais encore savoir que c'est un don fragile que nous pouvons perdre…Il suffit parfois de recevoir des paroles critiques, même de frères et sœurs qui ne sont pas en forme!

Parfois, d'ailleurs, certains ont plus le ministère de découragement que celui d'encouragement, d'exhortation, préconisé par l'apôtre Paul!

L'histoire des deux espions en est un exemple flagrant!

Il y a un ministère que nous avons tous, c'est le ministère de l'encouragement!

En conclusion:
- Ne vous laissez pas intimider par des paroles d'influence néfaste
- Ne vous retournez pas sur votre passé
- N'acceptez pas les paroles qui veulent vous compromettre
- Ni celles qui vous abaissent
- Qui vous invitent à prendre des raccourcis, à gagner du temps pour des solutions rapides
- Et par-dessus tout, Gardez la paix qui est un cadeau magnifique dans ces temps si troublés!
- 5/ Les paroles qui vous suggèrent un raccourci par rapport au temps de Dieu
- 6/ Les paroles qui vous enlèvent la paix

TEMOIGNAGE : Ne pas prendre de raccourci

Je dois également faire part ici de ce qui m'est arrivé, lorsque je me suis laissé influencer par des paroles d'homme. Dans une période difficile que traversait l'église, un frère faisait division, ayant la responsabilité d'un groupe, mais ne travaillant pas en parfait accord avec nous. Mon expérience et le discernement qui nous vient de Dieu, m'avertissaient qu'il y avait danger ! Une nuit, je fis un songe et le Saint-esprit me dit de ne rien entreprendre personnellement, de ne pas essayer de résoudre ce problème par mes propres moyens.

Confiant, avec ces paroles d'encouragement, je laissai la situation se dégrader. Il faut dire que nous étions parfois mal à l'aise (avec cette situation) mais que cela restait supportable !
Cet état de fait durait depuis plusieurs mois et je ne voyais rien qui puisse me faire penser à une intervention du Saint-esprit.
Je commençais à m'impatienter, je devenais nerveux. D'autant qu'un jour, une sœur m'appela pour me dire ce qu'elle avait reçu en songe: une personne était sur le point d'entraîner une partie du troupeau dans une mauvaise direction !

Le Saint esprit lui avait clairement montré de qui il s'agissait ; je fus surpris que cette révélation aille encore dans le sens de ce que je savais déjà !
Toutefois, tout en m'appuyant sur les premières paroles reçues, j'étais un peu déstabilisé, ne sachant trop comment réagir. Devais-je prendre des décisions radicales ou encore me contenir et attendre que l'œuvre du Saint esprit se fasse ?
Dans cette perspective spirituelle, j'allai m'enquérir de conseils de frères et sœurs aînés, expérimentés, ou encore dans le ministère.

Leurs réflexions sur ce sujet ne furent pas toutes unanimes, mais intéressantes car la plupart me dirent d'en rester sur ma propre conviction.
Mais voilà, ma conviction s'effritait au fur et à mesure que le temps passait ! La pression devenait de plus en plus forte, presque insoutenable, en tous cas pour moi, pauvre être humain.
L'atmosphère était parfois pesante, et il me semblait que je devais faire quelque chose au lieu d'attendre les bras croisés que le Saint esprit intervienne. Bien entendu, quand nous sommes au paroxysme de notre impatience, il y a toujours une circonstance pour nous faire éclater.

Cela arriva un jour, à la suite d'une réunion de prière: un proche vint me voir et me raconta qu'il n'en pouvait plus, que c'était intenable!
Au fond, je me demande si je n'attendais pas que cela pour intervenir: il me fallait une occasion, une bonne raison et cette fois, j'en avais une ! Aussitôt pensé, aussitôt mis en marche, je réfléchis à comment j'allais pouvoir procéder.

C'est dans un message adressé à l'ensemble de l'église que je me "lâchai" et ce qui devait arriver arriva, certains partirent, d'autres démissionnèrent, enfin, ce fut un fiasco total !

Le Saint esprit m'avait parlé :
"Laisse moi faire, je m'occupe de cette situation"
Mais, pressé par toutes sortes de choses, croyant que je pouvais faire mieux, je suis intervenu pour tout casser ! Le Seigneur ne nous a pas laissés sans consolation, bien sûr, mais ce fut pour nous une expérience pénible. Cependant, nous n'avions qu'à nous en prendre à nous mêmes, surtout moi, puisque je n'avais pas obéi aux recommandations, aux directives du Saint esprit. Et ici, justement, ce que je souhaite faire comprendre, c'est que non seulement le Saint esprit parle, mais que il fait aussi des œuvres.

J'aurais dû le laisser aller jusqu'au bout dans cette affaire car je suis convaincu qu'il aurait fait le miracle auquel nous ne voulions pas croire.
Apprenons à aller jusqu'à l'obtention de la promesse

MESSAGE N° 8

DÉBARASSONS-NOUS DE TOUTE AMERTUME

<u>Lectures : Luc 4/18 et 19</u>

" *18 L'Esprit du Seigneur est sur moi, Parce qu'il m'a oint pour annoncer une bonne nouvelle aux pauvres; Il m'a envoyé pour guérir ceux qui ont le coeur brisé, (4-19) Pour proclamer aux captifs la délivrance, Et aux aveugles le recouvrement de la vue, Pour renvoyer libres les opprimés,*

En version Pvv, la fin de ce verset dit ceci:
"…… pour apporter la délivrance à ceux qui sont écrasés sous le poids de leurs fardeaux
Existe-t-il encore des blessures, des vexations, des injustices, qui nous font souffrir intérieurement?
Sommes-nous encore touchés, sur le plan émotionnel par les échecs, le péché, et tout sentiment de culpabilité?
Je rencontre encore des Chrétiens qui souffrent à cause d'amertume, de ressentiment qui se manifestent par des frustrations affectives avec des sentiments d'exclusion, d'abandon d'incompréhension!
Bien chers, si le pardon a un pouvoir de libération, l'amertume a le pouvoir de nous tenir dans la captivité, dans le ressentiment subtil qui est un empêchement à voir la gloire de Dieu !

Nous avons si c'est notre cas, besoin d'être guéris intérieurement de nos blessures.
Beaucoup, pensent avoir fait les démarches nécessaires à leur libération, et pourtant ils sont affectés et infectés intérieurement.

Ils se retrouvent seuls avec leurs problèmes, et l'adversaire de Dieu aime ça:

- Tu ne peux pas comprendre,
- Tu ne connais pas ma situation
- Tu ne peux imaginer ce que l'on m'a fait, etc…

Vous connaissez sans doute l'histoire du boxeur, de M.Allard qui prend des coups et qui est toujours encouragé à revenir sur le ring!
Bien chers, quelle que soit la raison de votre souffrance Le Saint-esprit la connaît et il ne veut pas vous laisser dans cet état.
Il veut vous libérer pour une vie meilleure, remplie de la présence du Seigneur, il veut que vous viviez en paix, dans la joie!

"Oui, il veut guérir ceux qui ont le cœur brisé, il veut proclamer votre délivrance, il veut vous renvoyer libres, vous les opprimés!

Maintenant, aujourd'hui, ce que le Seigneur veut, c'est que tu reconnaisses ton "état", il veut que tu sois lucide, conscient que tu as besoin d'aide, de guérison, Tu n'arrives pas à trouver vraiment un frère, une sœur qui te comprenne, Tu voudrais qu'il te donne de la compassion, qu'il t'aide, qu'il te plaigne, qu'il exerce avec toi ce sentiment de pitié sur soi-même!

Mais non, rien ne se passe comme tu le voudrais comme tu l'imagines…
Dis-toi bien ce matin que seul Dieu connaît ta situation dans les moindres détails, qu'il est le seul à pouvoir t'aider et te sortir de là!

Oui, le Seigneur Jésus est oint " pour apporter la délivrance à ceux qui sont écrasés sous le poids de leurs fardeaux"

Et aujourd'hui, ici, si le Saint-esprit vous y pousse, inutile d'accabler une personne qui souffre et qui n'a pu jusqu'à ce jour vous ouvrir son cœur:
Prenez la dans vos bras et dites lui:
"Tout ce dont tu as besoin aujourd'hui, c'est de savoir que Dieu t'aime, que Jésus t'aime, que le Saint esprit t'aime, que le corps de Christ t'aime!"

Que je t'aime!

Le monde souffre et notre société n'apporte pas les remèdes à ses problèmes de blessures intérieures, provoquées bien sur par le péché, mais aussi par l'amertume, nourrie au plus profond des cœurs…Entretenue !.

Hébreux 12/ 14 et 15 :

" 14 Recherchez la paix avec tous, et la sanctification, sans laquelle personne ne verra le Seigneur.
15 Veillez à ce que nul ne se prive de la grâce de Dieu; à ce qu'aucune racine d'amertume, poussant des rejetons, ne produise du trouble, et que plusieurs n'en soient infectés;

Si nous la laissons faire, l'amertume fera son chemin et deviendra particulièrement nuisible..

Ressassez-vous encore certaines choses qui vous font mal?
Repassez-vous dans votre cœur ces attaques injustes que vous avez subies?
Dans votre parcours, même Chrétien, n'y a-t-il pas des propos, des injustices qui vous ont blessés?
N'y a-t-il pas des paroles de frères et sœurs qui vous ont touchés dans votre susceptibilité?
Vous avez besoin aujourd'hui, de venir à Christ pour une totale et complète guérison!

Je sais qu'il y a des blessures ayant provoqué des plaies, des souffrances, subies encore à ce jour!
Ces blessures sont enfouies, cachées mais elles sont là, sortez les aujourd'hui, soyez libérés, délivrés au nom de Jésus!

Mon invitation ce matin, c'est d'apporter là nos souffrances cachées, celles enfouies, au plus profond de nous mènes et dont nous sentons bien qu'elle nous limitent dans notre joie, notre paix, notre assurance.
Nous venons ce matin consulter le médecin divin qui nous a promis d'apporter la délivrance à ceux qui sont écrasés sous le poids de leur fardeau!
Lui seul connaît toutes les blessures de notre âme, Jésus lui-même a été blessé, il a subi l'injustice, l'opposition, et il est annoncé comme le médecin divin:

Hébreux 12/3 :

"*3 Considérez, en effet, celui qui a supporté contre sa personne une telle opposition de la part des pécheurs, afin que vous ne vous lassiez point, l'âme découragée.*
Jérémie 30/17, version Pdv :
"*Mais moi, le SEIGNEUR, je le déclare : je vais soigner tes blessures et t'apporter la guérison.* »

En ce jour cesse de te justifier, de te convaincre toi même que tu as raison, en venant au pied de la croix, libère toi de ce qui te retient captif, ce qui t'embarrasse, qui te fait mal, libère toi de toute amertume qui te lie dans la tristesse!
Rejette l'opprobre de tes blessures, dépose les au pied de cette croix, C'est toi qui a la clef et qui doit ouvrir de l'intérieur, pour que la puissance de Dieu change ta vie.
Que le pardon, remplace l'amertume, que la tristesse se change en joie.

Refuse maintenant de garder le poison de l'amertume, reconnais que garder ces blessures ne t'a pas conduit à une vie épanouie!
Chers amis, frères et sœurs, ne laissez jamais pousser des racines d'amertume comme ce fût le cas pour:
Hérodias, qui ayant laissé pousser des racines d'amertume parce que Jean Baptiste disait à son amant, Hérode qu'il ne lui était pas permis de l'avoir pour femme..Nous savons comment cela s'est terminé..

Je disais la semaine dernière que la bible nous donne les exemples à suivre et nous donne aussi ceux à ne pas suivre...

Nous avons vu ce qui est arrivé à Pharaon dont le cœur s'est endurci, qui lui aussi a laissé pousser des racines au lieu de libérer le peuple sans haine!
Nous connaissons l'histoire du frère fils prodigue qui fut mécontent de l'attention accordée par son père au retour de son frère..Nous avons vu là des racines

d'amertume s'incruster dans cette vie, alors qu'il aurait pu se réjouir et être pleinement heureux.

Il y a encore l'histoire de Ahitophel, le plus grand conseiller du roi David, qui le trahit et de nombreuses personnes encore aujourd'hui se demandent pourquoi, mais les Saintes écritures nous en donnent l'explication:

Cet Ahitophel, premier ministre de David, est le grand père de Beth-Shéba, femme avec qui David pécha..

Il laissa pénétrer en lui ces racines d'amertume, de rancœur contre David, des racines de vengeance, et bien plus tard, il finit par le trahir au grand étonnement de tous!

Voila le travail de l'adversaire de Dieu que nous devons combattre pour notre plein épanouissement..

Oui, bien chers, nous avons de très nombreuses occasions de nous laisser toucher par des injustices, par des oppositions malsaines, Mais le Seigneur veut nous débarrasser de ces choses encombrantes et mauvaises pour notre avenir et celui des autres, de nos proches, de notre prochain..

Oui, la racine de ces maux commence à pousser quand il y a eu blessure, paroles blessantes, désobligeantes, circonstances ou évènements pénibles que nous n'avons pas pu ou voulu partager!

Le rejet avec un sentiment de frustration affective,
Conscient ou inconscient…
Sentiment de ne pas être aimé, apprécié..
Que ce qui est caché vienne à la lumière, que tout soit apporté au pied de la croix, pour une libération totale et une bénédiction complète.

"Mais moi, le SEIGNEUR, je le déclare : je vais soigner tes blessures et t'apporter la guérison. »

Le veux-tu?

TEMOIGNAGE : LE PROFESSEUR

Je me suis trouvé, bien souvent, dans des situations burlesques !

Certains conflits, dans le pastorat, sont difficiles à gérer. Il faut bien la grâce de Dieu pour nous aider à régler des problèmes insolubles à vue humaine. J'ai eu l'occasion de vivre certaines de ces épreuves devenues, une fois passées, des expériences enrichissantes. Mais je dis ceci : "C'est formidable parce que ça vous forme un homme mieux que n'importe quelle école qui en reste à la théorique pure" ! Oui, merci mon Dieu pour cette extraordinaire formation sur le terrain ! Je me rappelle combien fut formatrice pour moi, dans ma jeunesse, l'école du porte à porte, et je ne renie donc pas de passer par cette formation du jour après jour.

Dans les partages que je viens apporter ici, je vais vous conter cette extraordinaire histoire qui m'est arrivée alors que j'exerçais mon travail de pasteur. Nous faisions, à ce moment là, des réunions dans notre maison, nous étions une trentaine de personnes. Un jour, une sœur vint, accompagnée d'un homme qui aussitôt, prit position au beau milieu de la salle.
Lorsque le moment de la prédication arriva, il resta là, bien planté, si je puis dire, et je ressentais déjà une certaine rébellion !

Au bout d'un temps de prêche, il m'interrompit, avec une certaine véhémence. Je lui fis comprendre que ce n'était pas le moment pour contester, ni le moment de me couper la parole. Je recommençai mon message, continuai à parler, tout en me sentant, bien sûr, de moins en moins à l'aise. Il bougonnait, puis à nouveau, revint à la charge, contestant je ne sais quoi ! Je lui fis alors un petit sermon pour lui préciser que s'il souhaitait poursuivre sa contestation, il pouvait sortir, nous en reparlerions à la fin du culte. Mais rien n'y fit ! Il resta bien en place et, d'une certaine manière, me nargua tout en perturbant toute la réunion, le culte.

A un certain moment, fatigué par ses interventions, je lui avais répondu avec fermeté, pensant que cela suffirait pour qu'il s'en aille, mais non ! A la fin du culte, me sentant repris, malgré tout pour ma vigueur, je vins le voir et lui demandai pardon d'avoir été un peu sec ; je ne reçus aucune réponse de sa part, même si l'amie qui l'avait amené lui recommanda de faire amende honorable, d'autant que ma demande avait touché cette amie. Nous en sommes restés là et je n'ai pas revu cet homme pendant plusieurs mois. Je pensais avoir agi spirituellement, point. L'église ayant déménagé dans un local plus approprié, quelques mois après cette affaire, quelle ne fut pas ma surprise de voir un jour arriver cet homme dans notre nouvelle salle ! Je ne vais pas dire que je fus pris de panique, mais j'avoue que je fus aussitôt sur le "Qui-vive", me préparant à répondre aux assauts de contestation de cet individu. Mais il désira me parler, et dans notre discussion, me demanda pardon pour s'être comporté d'une manière indigne ; il souhaita également parler à l'assemblée, ce que je lui accordai vu son nouvel état d'esprit. Dans son discours, assez bref, il renouvela sa demande de pardon à mon égard devant toute l'assemblée, ainsi qu'aux frères et sœurs qui furent troublés lors de sa première apparition.

Au cours d'un entretien qui suivit, il me confia qu'il souhaitait se faire baptiser avec les candidats au baptême qui aurait lieu dans quelques jours. C'était un professeur venu faire un remplacement dans notre ville, qui allait prochainement repartir dans sa région. Nous l'avons baptisé avec grande joie et, quelques jours après ce baptême, il est reparti dans sa région d'origine. Il me faut ajouter pour la gloire de Dieu et pour l'authenticité de cette histoire, qu'ils étaient séparés avec son épouse et que le bouleversement de sa vie, l'intervention miraculeuse de Dieu dans ce moment précis, était pour quelque chose dans son retour.

Il devait aussi retrouver son épouse !

Le déclenchement de la bénédiction fut, encore une fois, le pardon demandé, et le pardon accordé. L'amour de Dieu passe par cet extraordinaire grâce accordée par son fils Jésus-Christ, nous ne pouvons pas y échapper ; de même nous devons nous aussi pardonner, sans le savoir cela a pouvoir de libérer, même à distance.

"Pardonne nous nos offenses, comme nous aussi nous pardonnons à ceux qui nous ont offensés"
(Mathieu 6/12)

MESSAGE N° 9

L'AMOUR DANS LA VÉRITÉ

<u>2 Jean 1 à 3</u>

" *1 ¶ L'ancien, à Kyria l'élue et à ses enfants, que j'aime dans la vérité, -et ce n'est pas moi seul qui les aime, mais aussi tous ceux qui ont connu la vérité, -
2 à cause de la vérité qui demeure en nous, et qui sera avec nous pour l'éternité:
3 que la grâce, la miséricorde et la paix soient avec vous de la part de Dieu le Père et de la part de Jésus-Christ, le Fils du Père, dans la vérité et la charité!*

<u>Ephésiens 4/ 15: Version semeur</u>

"*15 Au contraire, en exprimant (en professant) la vérité dans l'amour, nous grandirons à tous égards vers celui qui est la tête : le Christ.*

La vérité est une lumière qui donne sens et valeur à l'amour (Dépourvu de vérité, l'amour bascule dans le sentimentalisme.)
« *Agapè* » et « *Lógos* »: Charité et Vérité= Amour et Parole de Dieu.

Ne pas séparer l'amour de la vérité.

La vérité dans les écrits de Jean :

Si l'amour caractérise les pages écrites par Jean, il est un autre mot qui revient sans cesse sous la plume de l'apôtre, un mot que nous laissons souvent volontiers de côté:
C'est le mot «vérité», que nous trouvons répété onze fois dans les courtes deuxième et troisième épîtres de Jean.

En nous faisant entrer dans le mystère de l'amour, le disciple que Jésus aimait nous montre en même temps comment a été réalisée à la croix la parole des fils de Coré:
«La bonté (ou l'amour) et la vérité se sont rencontrées» (Ps. 85:10).

<u>Version PVV:</u>
"*10 (85:11) Amour et fidélité se rencontrent, justice et paix s'embrassent.*

Il ne sépare pas l'amour de la vérité.
Dieu est amour, mais il est en même temps appelé le Véritable. Dieu ne se divise pas: «Écoute, Israël, l'Éternel notre Dieu est un seul Éternel» (Deut. 6:4).

«Qu'est-ce que la vérité?».
Pilate a posé cette question au Seigneur sans se soucier de la réponse. Combien d'hommes l'ont posée comme lui et, comme lui, au lieu d'attendre la réponse que seul le Seigneur pouvait donner, s'en sont allés pour ne pas l'entendre!

La vérité place deux choses dans la lumière:
Ce qu'est Dieu et ce que je suis.
Cette double révélation nous est faite par la Parole qui est la vérité.
Pour la comprendre, nous avons reçu l'Esprit de vérité qui nous conduit dans toute la vérité.

- La vérité sur ce que nous sommes, morts dans nos fautes et dans nos péchés.
- La vérité sur ce qu'est Dieu, dans sa plénitude et sa gloire manifestées dans la personne de Christ.
"Il est le même, hier, aujourd'hui, éternellement"
6 Nous, nous sommes de Dieu. Celui qui s'ouvre à la connaissance de Dieu nous écoute. Celui qui n'est pas de Dieu ne nous écoute pas. C'est à cela que nous reconnaissons l'Esprit de la vérité et l'esprit de l'erreur.

1Jean 4/6:

Cet Esprit que je vous promets, dit Jésus, c'est l'Esprit de vérité. Mais pourquoi la vérité ?
Il est étrange que jésus accole le mot vérité au mot Esprit, alors que dans ce passage il est surtout question d'amour, de présence et de paix.

Cette présence de Dieu dans nos vies, de l'Esprit de vérité, Jésus en parle en effet en termes de relations d'amour.
Dix fois, le verbe aimer revient dans ce passage : *« Si quelqu'un m'aime, il gardera ma parole, et mon Père l'aimera. »*

Ne pas séparer l'amour de la vérité

Un artifice de Satan dont nous avons vu les tristes effets parmi les chrétiens, plus spécialement peut-être dans ces dernières années, a été de chercher à mettre en opposition ces deux choses que Dieu ne sépare pas:
L'amour et la vérité.

Ne sommes-nous pas souvent tentés — cherchant à nous persuader que nous sommes conduits par l'amour, mais nous trompant nous-mêmes — de mettre un voile sur la vérité ou d'en dissimuler une partie pour la rendre moins sévère ou plus attrayante?
C'est plus facile "d'aimer sans s'occuper de la vérité", pour éviter de blesser!

L'Assemblée, dont tous les croyants font partie, est la colonne et l'appui de la vérité.
Un objet est placé sur une colonne pour être bien en vue. Voiler la vérité n'est rien moins que voiler Christ qui est la vérité.

Et nous ne devons laisser aucune place à l'ennemi, en faisant des compromis au sujet de la vérité.

Un amour réel pour nos frères, et pour les hommes en général, ne devrait pas, bien au contraire nous empêcher de présenter, dans «un esprit d'amour et de conseil", Christ et la parole de vérité.

Pour le faire, il nous faut considérer et imiter Celui qui est notre modèle parfait:
La Bible déclare que Jésus était plein de grâce et de vérité. La vérité n'est pas un principe. La vérité est une personne :
La Vérité c'est Jésus-Christ.

L'une des déclarations les plus claires et les plus renommées de Jésus est :
 "Je suis le chemin, la vérité et la vie. Nul ne vient au Père que par moi". Jean 14.6

Notez bien que Jésus dit :

"Je suis la vérité…".
Il ne dit pas que la vérité est une religion, ou un rite, ou encore un ensemble de lois et de règlements. Il dit "Je". La vérité est une personne.

C'est ce qui différencie Jésus-Christ de tout autre leader d'une quelconque religion.
Ces derniers ont dit : "Je cherche la vérité", ou "J'enseigne la vérité", ou encore "Je montre la voie de la vérité", ou "Je suis un prophète de la vérité". Jésus, quant à lui, vient et dit :
"Je suis la vérité"

Et il a parlé à tous avec vérité et amour, avec amour sans voiler la vérité!

Un jour, un jeune homme riche, honoré et honorable est venu le trouver.
La Parole nous dit:
«Jésus, l'ayant regardé, l'aima» (Marc 10:21).
Parce qu'Il l'aimait, le Seigneur lui a dit des paroles de vérité, lui montrant d'une part ce qu'est Dieu:

«Nul n'est bon, sinon un seul, Dieu»;

D'autre part ce qu'il y avait dans son cœur: l'amour de ses richesses et de sa position.

Et nous pouvons quelque peu comprendre la douleur du Seigneur en voyant s'en aller tout triste ce jeune homme pour lequel son cœur était plein d'amour, qu'il aurait peut-être réussi à retenir auprès de lui par des paroles plus douces, telles que les hommes en emploient entre eux, mais d'où la vérité eût été absente.

Quel amour aussi dans le cœur du Seigneur pour cette misérable Samaritaine pécheresse, qu'Il a été chercher bien loin!

Cet amour n'a été arrêté ni par la longueur de la route — ni par la chaleur — «Donne-moi à boire».
 Et Il lui dit des paroles de vérité, lui révélant un Dieu qui donne, mais aussi un Dieu qui réclame obéissance, qui réclame la première place….

Le jeune homme riche n'a pas supporté la lumière de la vérité.
Cette pauvre femme l'a reçue et a appris quels sont les adorateurs que le Père cherche.

Les efforts que l'on fait maintenant dans le monde religieux sont destinés, sous prétexte d'amour fraternel, à réunir tous les chrétiens, réels ou non, en abandonnant une partie de la vérité.

Nous avons à prendre garde de ne pas entrer dans ces combinaisons humaines en laissant de côté une parcelle de la vérité et en portant ainsi atteinte à la gloire de Christ.

L'amour sans la vérité n'est pas l'amour.
Mais la vérité sans l'amour n'est pas la vérité.

(J'ajoute toujours que ce n'est pas non plus parce que l'on dit ce que l'on pense, que l'on dit la vérité)
En tant que Chrétiens, notre référence c'est la parole de Dieu et sa parole est vérité!
C'est parce que nous essayons d'aimer comme Jésus nous a aimés et nous aime que nous voulons nous parler avec vérité et amour.

Pour redresser une erreur, pour toucher une conscience ou un cœur en lui présentant la vérité, pour ramener un frère qui s'est égaré, nous avons une place à prendre, et une seule.

On ne donne réellement que ce que l'on possède. Il peut nous arriver parfois de simuler de l'amour, mais, ne nous y trompons pas, un amour simulé ne touche pas le cœur.

Je pense qu'il vaudra mieux, bien souvent, nous abstenir de dire certaines vérités à un frère si, après nous être sondés nous-mêmes sincèrement devant Dieu, nous devons faire la triste constatation que nous n'aimons pas ce frère comme le Seigneur nous a aimés.

Lorsque des hommes sont venus trouver le Seigneur, lui amenant une femme surprise en adultère,
«*Jésus s'étant baissé, écrivait avec le doigt sur la terre» (Jean 8:6)*.
La Parole ne nous dit pas ce que le Seigneur écrivait sur la terre, mais nous le montre dans l'attitude d'une personne qui attend.

Et lorsque le moment est venu, après avoir d'une parole touché la conscience des accusateurs, seul avec cette femme, son amour peut s'exprimer en paroles de vérité.

Le chapitre 13 de la première épître aux Corinthiens, auquel nous avons toujours à revenir pour comprendre mieux la place que doit occuper l'amour dans notre vie, met la vérité sur le même pied que l'amour:
— «L'amour se réjouit avec la vérité»

(1 Cor. 13:6) —

Version TOB:

" *Il ne se réjouit pas de l'injustice, mais il trouve sa joie dans la vérité.*

Jean nous révèle les bénédictions qui sont la part de ceux qui aiment dans la vérité:
«La grâce, la miséricorde, la paix, seront avec vous de la part de Dieu le Père et de la part du Seigneur Jésus Christ le Fils du Père, dans la vérité et dans l'amour» (2 Jean 3).

1. Croyez la vérité
2. Pratiquez la vérité !
3. Prenez parti pour la vérité !
4. Témoignez de la vérité !

Dieu veuille que ce soit là notre part à tous de manifester notre amour en parlant avec honnêteté et vérité.

"Que l'amour soit sans hypocrisie." (Rom. 12.9)

"Ayant purifié vos âmes en obéissant à la vérité pour avoir un amour fraternel sincère, aimez-vous ardemment les uns les autres, de tout votre cœur..."
(1 Pi. 1.22)

TEMOIGNAGE DE FRANCOIS : Le mensonge dans la vie des affaires

"A l'époque, j'avais une quarantaine d'années et j'étais directeur de la Division Industrie.......... . Cette multinationale d'origine américaine était implantée dans 40 pays. La filiale française comportait une usine de production à Amiens plus quatre divisions chargées de la commercialisation de nos produits

Ma division vendait de l'instrumentation industrielle (enregistreurs, régulateurs, capteurs de mesures et vannes) ainsi que des enregistreurs très rapides pour les laboratoires. Nous livrions ces appareils en caisse ou installés, et il nous arrivait de fournir des systèmes complets clefs en mains. Il y avait une vingtaine d'ingénieurs de vente et une trentaine de techniciens pour l'installation, le démarrage et la maintenance.

Le président de cette société pour la France s'appelait C......., je dépendais directement de lui, c'était un homme admirable à qui j'ai gardé une grande reconnaissance. Il avait mon âge, mais cela ne m'a pas empêché de beaucoup apprendre à son contact. Lors de son retour aux Etats-Unis,

il a été remplacé par J........, un Français beaucoup plus âgé qui nous venait d'Air France.

J......... avait beaucoup de qualités: il était honnête, rigoureux, travailleur et affable ; mais il avait une conception à sens unique de la hiérarchie: il pensait que son rôle consistait à me transmettre les ordres venus de la Direction Européenne située à Bruxelles, mais il ne lui serait pas venu à l'idée de retransmettre vers le haut les informations en provenance du terrain que je lui fournissais. De ce fait, les instructions que je recevais devenaient de moins en moins réalistes, au point d'être carrément inapplicables.

J'ai fait tout ce qui était en mon pouvoir pour avoir avec J.......... une relation de travail efficace et agréable. Mais j'avais beau faire preuve de souplesse, de bonne volonté et de ténacité, de jour en jour, je perdais du terrain. Ce qui compliquait tout, c'est que la Division Industrie était en mauvaise posture dans le monde entier: nos produits vieillissants n'étaient plus compétitifs, et il s'en fallait encore de plusieurs années que notre nouvelle gamme, qui allait révolutionner la profession, sorte. Nos mauvais résultats focalisaient sur nous l'attention de la Direction à tous les niveaux.

Ma situation devenait intenable au point que, dans la société, les paris allaient bon train pour savoir combien de mois je pourrais encore résister avant d'être licencié. J......... avait même embauché un cadre supérieur qui n'avait manifestement pas sa place sur l'organigramme et dont beaucoup pensaient qu'il était là en attente de mon départ.

C'est dans ce sombre contexte que J......... me convoque pour me dire qu'il a l'intention de licencier P..... et qu'il me demande de constituer un dossier lui permettant de défendre sa position vis-à-vis des prud'hommes.

P..... avait sous ses ordres tous les ingénieurs de vente de ma division. Il n'avait manifestement pas le profil en vogue chez nous ; il ne savait pas l'Anglais, sa présentation, sa tournure d'esprit et son comportement ne correspondaient guère à notre culture d'entreprise. Mais il avait toujours de remarquables résultats. En outre, malgré ses défauts et nos profondes différences, je l'aimais bien, et il me le rendait.

Tout en comprenant le désir de J......, je ne pouvais y accéder: cela me paraissait une lourde erreur stratégique pour l'entreprise, doublée d'une grave injustice pour P..... En outre, comment monter un dossier crédible lorsque les reproches portent uniquement sur des points subjectifs et que l'intéressé a d'excellents résultats sur tout ce qui est mesurable et objectif?

Devant mes réticences, J...... a été très clair: il m'a dit que, dans la vie de manager, il faut savoir faire abstraction de ses sympathies personnelles, et que ceux qui n'en sont pas capables ne sont pas dignes de tenir des postes de responsabilité. Il m'a dit que mon comportement dans cette affaire pèserait lourd sur mon avenir. Il m'a donné trois jours pour réfléchir.

De retour dans mon bureau, j'étais perplexe. Fallait-il obéir? En principe, c'était pour cela que j'étais payé tous les mois. Je savais que J...... était de bonne foi dans ce qu'il me demandait. Et, après tout, s'il avait raison et moi tort? N'était-il pas mon aîné et un homme d'expérience? Mais quelque chose en moi se révoltait à l'idée de constituer ce dossier qui me semblait être une imposture.

J'en étais là de mes réflexions lorsque P..... est entré. Sans que je lui aie rien dit, il se rendait compte que je me battais pour lui et il en était très touché. Il me demandait d'arrêter. Il disait que, si J...... avait décidé de le licencier, je ne pourrais pas l'en empêcher ; ma résistance ne pouvait que précipiter ma propre perte ; je devais d'abord protéger ma femme et mes enfants. Je sais que vous allez vous entêter, a-t-il ajouté, mais ce sera par orgueil ; je vous connais!

Pierre parti, ma perplexité ne faisait qu'augmenter. L'orgueil est un vilain défaut que j'ai toujours eu particulièrement en horreur. Et c'est vrai qu'il y a de l'orgueil à vouloir suivre sa propre voie envers et contre tous. Mon entêtement était tellement absurde que même la victime le reconnaissait. D'un autre côté, l'idée de porter un faux témoignage contre mon prochain me paraissait toujours aussi insupportable. Que faire?

A l'époque, je n'étais pas un chrétien pratiquant: je n'allais jamais à l'Eglise le Dimanche, je ne lisais pas la Bible et je n'avais pas de vie de prière personnelle. Je croyais que Dieu avait créé les cieux et la terre, je croyais que Jésus-Christ était mort sur la croix pour me sauver, et je souhaitais lui obéir, mais ces certitudes ne marquaient guère ma vie quotidienne. J'étais bon père de famille et bon citoyen, que pouvait-Il me demander de plus?

C'est pourquoi, dans ma perplexité, je n'ai pas prié. Mais je me suis tout de même demandé ce que le Seigneur souhaitait que je fasse. Là, je suis parti d'un grand éclat de rire et la joie a inondé mon cœur. Il m'est apparu que tout est entre les mains de Dieu. Ce n'était pas J...... qui déciderait de mon sort, mais Dieu. S'il voulait que je reste, J...... n'y pourrait rien. S'il voulait que je parte, rien ne me permettrait de rester. De toutes manières, je pouvais mourir à l'instant, et qui se serait occupé de ma famille? Dieu, bien sûr, dans son amour et sa toute-puissance! Il n'y avait donc aucune hésitation: mieux vaut obéir à Dieu plutôt qu'aux hommes. Quant à l'idée qu'il ait besoin que je porte un faux témoignage pour pouvoir protéger ma famille, c'était tellement saugrenu que mieux valait en rire. J'ai donc monté les escaliers quatre à quatre jusqu'au bureau de J...... pour lui dire que c'était tout réfléchi, que j'étais disposé à faire n'importe quoi pour lui être agréable, mais que là, c'était vraiment impossible. Il a accueilli ma décision d'un air grave.

Les jours suivants, je m'attendais au pire. Il ne me serait toujours pas venu à l'idée de prier ; curieusement, mes relations avec J...... se sont rapidement améliorées. Ses défauts n'ont pas disparu, mais ils sont devenus moins gênants. Une vraie complicité s'est établie entre nous.

Quelques mois plus tard, on m'a proposé, dans un autre groupe, une situation bien meilleure que celle que j'avais dans cette société. J...... a tout fait pour me retenir, mais je suis parti. Mon ascendant sur lui était devenu tel que c'est moi qui ai désigné et mis en place mon successeur. En mettant ma confiance en Dieu et non dans les hommes, j'avais vu juste. Souvent, j'entends dire que, dans la vie des affaires, il faut mentir, puisque tout le monde le fait et que, sans mensonge, nous serions la proie de nos adversaires. Ce point de vue est logique, mais il me paraît terriblement naïf. Je crois que Dieu est maître de toutes choses et qu'il donne à ses enfants ce dont ils ont besoin. Même le fruit de notre travail est un cadeau que nous recevons de Sa main. Nous n'aurons jamais un centime de plus que ce qu'il voudra bien nous accorder. Alors, lui désobéir pour gagner de l'argent me paraît bien peu réaliste. Pourtant, j'aurais pu et dû tomber dans le piège que me tendait le Malin: voyez comme il était bien ficelé! Même la victime était consentante! Tous les beaux sentiments étaient de son côté: le devoir professionnel et familial, le refus de l'orgueil. Merci Seigneur d'être venu à mon secours au moment où je ne Te demandais rien! Si Tu ne m'avais rattrapé par mon fond de culotte je serais tombé la tête la première! Tu m'as préservé du mal à un moment crucial de ma vie."

Voilà un des témoignages de François, que je remercie, espérant qu'il sera un encouragement pour ceux qui ont des responsabilités et qui seraient tentés de croire qu'il est plus facile de mentir que de s'attendre à Dieu pour une autre solution.

Rappelons nous ici ces paroles :

"Si nous persévérons, nous règnerons aussi avec lui, si nous le renions, lui aussi nous reniera"[20]

Pour les chrétiens en particulier, se trouvant dans des situations difficiles, qui doivent prendre des décisions importantes, ne vous précipitez pas.

Ramenez toutes choses dans un contexte spirituel, restant assurés que Dieu a une solution divine pour vous. Il ne vous obligera pas à mentir, il ne vous obligera pas à faire de compromis, si vous lui demandez de l'aide, il apportera sa bénédiction.

Oui, je veux morebooks!

i want morebooks!

Buy your books fast and straightforward online - at one of world's fastest growing online book stores! Environmentally sound due to Print-on-Demand technologies.

Buy your books online at
www.get-morebooks.com

Achetez vos livres en ligne, vite et bien, sur l'une des librairies en ligne les plus performantes au monde!
En protégeant nos ressources et notre environnement grâce à l'impression à la demande.

La librairie en ligne pour acheter plus vite
www.morebooks.fr

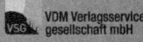

VDM Verlagsservicegesellschaft mbH
Heinrich-Böcking-Str. 6-8   Telefon: +49 681 3720 174   info@vdm-vsg.de
D - 66121 Saarbrücken   Telefax: +49 681 3720 1749 www.vdm-vsg.de

www.ingramcontent.com/pod-product-compliance
Lightning Source LLC
Chambersburg PA
CBHW022017160426
43197CB00007B/462